陳福成著

文學叢刊

# 進出吳明興的詩

## ——找尋一個居士的圓融嘉境

文史哲出版社印行

國家圖書館出版品預行編目資料

進出吳明興的詩：找尋一個居士的圓融嘉境
／陳福成著 -- 初版 －臺北市 ：文史哲出版社, 民 111.10
頁; 公分. --（文學叢刊；466）
ISBN 978-986-314-620-9（平裝）

1.CST：吳明興 2. CST：新詩 3. CST：詩評

863.51 111016142

文學叢刊 466

# 進出吳明興的詩

## 找尋一個居士的圓融嘉境

著 者：陳 福 成
出版者：文 史 哲 出 版 社
http:// www.lapen.com.tw
e-mail:lapen@ms74.hinet.net
登記證字號：行政院新聞局版臺業字五三三七號
發行人：彭 正 雄
發行所：文 史 哲 出 版 社
印刷者：文 史 哲 出 版 社
臺北市羅斯福路一段七十二巷四號
郵政劃撥帳號：一六一八〇一七五
電話886-2-23511028 · 傳真886-2-23965656

**定價新臺幣三四〇元**

二〇二二年（民一一一）十月初版



ISBN 978-986-314-620-9 10466

# 序：詩人吳明興，何許人？

吳明興，何許人
台灣人，祖籍閩，遠祖豫
一九五八年生
一九七四年習文學
一九七六年習創作，不出散文、小說
一九七九年習現代詩
一九八二年應《葡萄園》及《腳印》詩學社之邀先後加盟
一九八四年執編《葡萄園》詩刊
同年獲全國優秀青年詩人獎
一九八五年主編《葡萄園》詩刊
應《四度空間》詩社之邀加盟為榮譽會員

吳明興，何許人
他以鄉土的台灣
　　民族的中國
　　　人類的世界
為總綱創作範圍
以感性的直覺領受自然
以理性的知解剖析人文
筆涉形象與抽象理路
墨蘸意志與現象的本質
意欲藉詩以間顯存有的意義
他的心靈深處
潛藏著巨大的
衝創精神
這種創發的生命力
就在諸君賞讀他的詩時
被觸及了

吳明興，何許人
南華大學宗教學研究所碩士
佛光大學文學研究所博士
湖南中醫藥大學醫學博士
白聖佛教學院佛教學系研究部研究
有豐富的文化工作資歷
曾任醫師、教授、總編、主編
華嚴學、天台學、中國文學、第四級產業
都是他的主講教程

吳明興，何許人
他有龐大的文化工作成果
親自審、編、讀、校、刪、訂、考、潤
出版各類叢書
四百餘種
發行達百餘萬冊
他也著作等身

除學術專著外
撰有散文詩百餘篇
在海內外三百餘報刊、雜誌
發表三千多首現代詩
名列多種名人辭典
作品被選入百餘種文選、詩選、年度選
並被香港中文大學譯成英文
省立台灣美術館製成畫展海報
在新加坡被譜成歌曲

吳明興，何許人
獲獎達人也
全國優秀青年詩人獎
第三屆詩粹獎
中國散文詩評選二等獎
甘肅馬年建材盃新詩特別榮譽獎
……

吳明興，何許人
隱者、詩人、教授、學者、醫者、居士……
他的一生，他在追求什麼？
從小讀書到盛年
學無止步
積累眾多善因緣
廣結善知識
開啟了自身的光明能量
朝向更圓融的嘉境升進
他的一生
只有一顆感恩的心
清淨明澈的心
用他博士論文的〈誌謝辭——代自序〉
一偈語為小結

**將此深心奉塵剎　是則名為報佛恩**

是則名為報親恩　　報師恩報眾生恩

附記：吳明興，《蓬草心情》詩集（台北：采風出版社，一九八六年三月）。本書是筆者「進出」（現代軍語）該詩集部份作品，所衍化出之個人拙述，並非專業之研究或析論。對吳明興的簡介資料，均來自他的詩集和博士論文。

順帶一述，筆者所有已出版之作品，均放棄著作權，贈為中華民族文化公共財，在中國（含台灣）地區內，各出版單位均可自由印行，廣為流傳，以滋養生生世世之炎黃子民。

中國台北公館蟾蜍山　萬盛草堂主人**陳福成**　誌於

佛曆二五六五年　西元二〇二二年八月

# 進出吳明興的詩——找尋一個居士的圓融嘉境

## 目次

序：詩人吳明興，何許人？……一
第一章 一切自然，任其自然……九
第二章 這條單行道，千山獨行……二七
第三章 深居，任風起雲滅……四五
第四章 時間，時間是什麼？……六五
第五章 在宇宙空無的寧靜裡追尋徜徉……八七
第六章 善知識、好朋友，芳香一世情……一〇七
第七章 鄉愁啊！故鄉何在？……一三一
第八章 無上燈，及其他詩中的佛法禪意……一五七
第九章 政治與歷史的懷憂暗示……一七九

吳明興略歷……二〇一
吳明興詩文作品首次見刊與專著出版編年……二〇七

# 第一章　一切自然，任其自然

世人都知道「天然的最好」，但總是忍不住進行「人為的干預」，以為進行了人的干預，才是有作為。或認為越是進行強力干預，越是一種大作為風範。

古今中外的政治思想家們，就在「任其自然」和「大有為」之間，提出各種政治制度。例如，我們中國的莊子和西方無政府主義，同是任其自然派；老子和西方小政府主義同是少干預派。而儒家、法家、社會主義、三民主義、西式民主等，都主張強力干預，建設理想中的大有為政府，如是人從生到死都受制於公權力的干預。

所以，古今中外真正能完全維持「一切自然、任其自然」，展現眾生都在一個「自然的世界」，自然的生活、生存到生死，都沒有公權力的干預，就只有我們中國的莊子和西方的無政府主義思想家們。

賞讀吳明興的詩集《蓬草心情》（台北：采風出版社，一九八六年三月），我意外發現，這本詩集寫的正是「莊子的世界」，一切自然，任其自然。若按此意涵推述，又像是「佛法的世界」，一切都任由因緣去流轉，緣起則聚，緣散則滅。

當然，「莊子的世界」和「佛法的世界」，應該也有極大的不同，這就由專家去論述了。此處，我只是從老友吳明興二十八歲時的作品，發現一個「莊子的世界」，一切自然，任其自然，舉幾首有代表性者，〈回音〉。

閑適的雲碰巧停在山牕
這種天氣合當平心
且讓檻外的萩花自開
至若澗水就任它自流好了
身後傳來的鐘聲與經唱
都悠悠的蕩入鳥鳴中
石堦曲處善眾一步一個屈身
彷彿欲離塵凡又難拋捨
此時唯有落葉悄悄的回到大地
前山後谷則隱隱傳來
頑石驚醒的回音
再回首善眾都在雲霧中了

・一九八三

「回音」，好像萬事萬物發生後的「果」，也只是聽聽就好，這個世界的一切都任其自然，因為一切的干預或牽掛都是痛苦的，萩花任其自開，水任其自流。

就是那一步一屈身的朝山信眾，也不想再對這紅塵世界有一絲懸念，身後的事都任他、隨他。「再回首善眾都在雲霧中了」，暗示人都「融入自然」了，在詩人心中，人和自然已無區別，一切都任其自然，我等就從任其自然再進出觀賞。

任其自然
季節都自由輪替
花草樹木隨性生活
隨與玩樂
不干預
荒野任其自野
有蝴蝶
飛鳥、走獸

眾生
都在同一個自然世界
自由生滅

自由生滅
才顯得大自然的慈悲
你干預
萩花要自開
她不高興
又干預
澗水要自流
他又不高興
衝突、戰爭
必是沒完沒了啊！
你是災難製造者
你是禍首
你是大自然的

敵人

因此，推而論之
山頭要倒
就任其自倒
島嶼沉淪
就任其沉淪
西方沉落
也任其沉落
東方升起
任其自升
美帝要垮
誰也扶不起來
中國崛起
山也擋不住
這一切都是那麼自然
任其自然吧

很多人不知道，朝代更替、強權興衰，都是「自然法」使然。其基本原理，如同東西用久了就壞了，道理相同，不同的只是時間久暫。人生如果可以悟到這層道理，他便可以活得像一個「觀自在」，如詩人這首〈有霧縹緲〉。

漫來，霧從谷底湧起
多麼想讓自己化入
一陣風似的，化入縹緲中
在林稍肆遊，啊
腳步要輕，心思要靈
千萬莫驚動了打盹的鳥

松果已夠堅實了吧
精緻，彷彿天工的雕刻
來，讓我悄悄的俯身
傾聽，曾經風霜的松濤
想必都歛藏在其中了

彷彿年輕過的我
此去當無憂傷與怨悔
草木各自相安
這是醉與醒的邊緣
著苔最多的石頭相信
不用說假寐的鳥也相信
我的確是霧的左脇右袂

·一九八四

「我的確是霧的左脇右袂」，當然也可以是雲的「左脇右袂」，可以是石頭的「助理」，或花草樹木的一枝一葉。這表示，「我」是自然的一部份，甚至是與自然是「合體」的，眾生都在大自然中，各自相安，如霧的縹緲，不分你我了！

我進出

如霧的縹緲
化入大自然中
不分霧或雲
也不分什麼
我什麼都是
也什麼都不是

就說我是一片雲吧
自在的飄
飄累了
坐在一座山頭
來一杯咖啡
邊喝
邊閱讀
雲端訊息
有清風來翻頁
任他翻

不會有任何後顧之憂
這便是自然
大自然
任人進出

我見到
詩人已進出自然中
他常化入
化入這
化入那
這回化入縹緲中
成為一朵
輕飄飄的雲
偶爾俯身
聽松濤
來去輕飄飄
連一隻打盹的鳥
也不驚動牠

這是詩人的生活哲學或人生觀，一切都隨緣，都儘量保持自然狀態，自由且自在，這應和詩人的佛法信仰有關，當然也是一種修行境界。所謂紅塵便是道場，在現代社會已經沒有那裡是完全的自然，只有在心靈上追尋自然，才能有一顆清淨的心，賞讀〈山居〉。

風總是不假邀約的橫來
先是推我虛掩的門
進而不假思索的讀我
未完成的詩草
再而無所用情的掀我
不繫的襟袂
然後不告而別
就好像什麼都沒發生過
甚至我的悵惘
以及他的無心

．一九八三

詩人住在台北近郊某社區，過著隱居寫作的清淨生活。某日，起心動念間，與來訪的風，有一段「以心傳心」的交流，暗示著每日都如此安靜和簡單的生活，每天也都「什麼都沒發生過」。山居，多麼寧靜，好像這個世界的紛亂爭戰都是不存在的，山居是一方淨土，我等且進出去看看。

我進出一方淨土
在詩人方寸間
風已先我
進出過
且和詩人有過交流
雙方都無心
只留下一首詩
是自然產品

這世界太濁
尤其這塊沉淪中的南蠻

最濁
真乃五濁之首
這鬼地方
劫濁、見濁、煩惱濁
眾生濁、命濁
無一不濁
只有更濁
沒有最濁
若不遠離這濁惡之地
恐怕詩寫不出
還得去跳太平洋
就算寫出一首詩
也是濁詩
非清淨之詩

因此，為寫出一首好詩
乾淨純潔的體質

我等在紅塵之外
建設一方淨土
一塊無濁之地
深居簡出
只與清風交流
不食人間煙火
寫的詩
任由風讀
這輩子
只在淨土進出

政治家想建設理想國，詩人通常只想找尋一方淨土，寫出的詩才會乾淨。當然，所謂「乾淨」也只是一個程度，絕大多數的詩人作品，很難「維持乾淨」。而在台灣詩壇乃至現代中國詩壇，詩作意境的乾淨程度，幾如西方極樂世界之「無濁」，便是吳明興這本《蓬草心情》的作品，一首詩就如一方淨土，賞讀〈遠行〉。

我將有遠行
去到山水群居的地方
請您不必來相送

人生已無所謂：如果。
在重山間穿行
便可日夕與群樹為伍

偶爾會有一場雨
漂降在我身上
就像降在森林中

在山水間穿行
可隨興吟嘯
而無所惶顧

雖然春秋代序

但行囊必要簡從
才不會有太多的牽掛
牽掛令人衰老啊
人生已無所謂：如果。
請您不必來相送

・一九八四

「人生已無所謂：如果」。人生的起點（生）和終點（死），都是自己不能決定的「定局」，所以沒有如果，不能假設。我們不能「假設自己沒有出生」，或「假設人沒有死亡」，這種假設是不能成立的。

起點和終點自己不能決定，所能決定的是中間的過程。詩人思考著如何過好生命的過程，「遠行」不是要遠走天涯去流浪，而是要遠離這個濁惡世界，「去到山水群居的地方」、「與群樹為伍」、「在重山間穿行」。此處另有暗示，與樹為伍，即不與人為伍；寧在山水間穿行，也不入都會逛百貨公司。

一個人如果能把生死放下，人間雜事、功名富貴、利害得失、金銀財富也都放下。乃至得失心、計較心、人我心也放下，他的人生，他的生活，將是多麼快樂、清淨和自在，如吾國宋朝無門慧開禪師的一首詩偈：（註一）

**春有百花秋有月，夏有涼風冬有雪；**
**若無閒事掛心頭，便是人間好時節。**

詩人之遠行，只是「心遠地自偏」，在現代都會之邊陲有山水的地方，與樹為伍，在重山間穿行，為享有一分寧靜；我等追隨詩人，進出山水間，自在吟唱，享受四季好時節。

我等進出山水間
為享受四季好時節
山頂有雲
雲藍藍
山澗有水
水漾漾
白雲多麼清白
山水多麼清淨
靈感突來

誕生一首詩
在山水間
洗得乾乾淨淨
一首乾淨、自然
無濁之詩

進出山水間
聞風聲
穿透了時空
有回音
是風聲和雨聲的對話
對話間有嘆息
他們說了什麼？
日復一日
百年千年
說不完的故事
不外是
人間的風風雨雨

沒想到
進出山水間
聽到的
不是風聲水聲
就是雨聲浪濤聲
這人世間
要到何時
才能安靜得下來
看來真正的淨土
還得一路
向西行

## 註釋

註一　無門慧開，宋淳熙十年（一一八三年）生，宋景定元年（一二六〇年、元世祖中統元年）圓寂。俗姓梁，字無門，浙江杭州人。為南嶽下十八世，臨濟宗楊岐派。
常奉詔為宋理宗說法，曾因祈雨應驗而獲賜金襴法衣並敕封「佛眼禪師」。著有《無門慧開禪師語錄》、《無門關》等傳世。

# 第二章　這條單行道，千山獨行

人生不僅是一條單行道，而且千山獨行，「一花一世界」，人類更是，所以眾生不是寂寞，便是孤獨。越是長袖善舞，越是掩蓋不住害怕寂寞孤獨的心。

但有思想家說：「只有天才才配享有孤獨，一般人只是寂寞。」莊子則說：「獨往獨來，是謂獨有。獨有之人，是謂至貴。」即是說：人唯孤獨，方能出眾。

證之史事，確實如是。請看看這三位大師級的作家詩人，是多麼的孤獨！丹麥安徒生（Han Christian Andersen，1805-1875）、意大利但丁（Dante Alighieri，1265-1321），我們中國台灣省之周夢蝶（1920-2014，河南淅江縣人，本名周起述。）以上三人，都可稱該國之「孤獨國王」，他們一生只有享不盡的孤獨、孤獨、孤獨！而才有可以傳世之經典作品。

在我看來，《蓬草心情》也是一部孤獨之作。整本詩集不寫人、不寫事、不寫典，只寫意，算是一本寫意的詩集。寫意不寫實，但意在真實與真性情的基礎上。賞讀一首〈單行道〉。

鎖吶傳來，再一次
我相信那是人生的完成
在充滿矛盾的世界
太多的變異使人茫然
偶而，遇見死亡的陣式
對於生存是一種慰安

不要抗拒，再一次
我遇見了生命的永恒
在充滿相對的世界
當靈車開過的時候
片片的花瓣，在風中
證實了時間的絕對

・一九八三

「在充滿矛盾的世界／太多的變異使人茫然」。是對死亡茫然，甚至絕大多數人面對死亡都是不安恐懼的，沒有幾人能自在面對，泰然處之。如《長阿含經》說：「世間無常，人命逝速，喘息之間，猶亦難保。」無常正是恐懼的源頭，詩偈說了世間之實相就是無常，勉人要盡早有警覺，珍惜得之不易的生命。

但世間有覺性的人總是少數，所以《緇門警訓》勉人修行要趁早說：「萬里新墳盡少年，修行莫待鬢毛斑；死生事大宜須覺，地獄時長豈等閒。」人生苦短，生的時候很短暫，死了以後日子反而很久長，所以要趁早修行，莫待老來方學道。

老友詩人吳明興，正是一個從青少年時期就開始學道，數十年來不停研究佛法的人，連他的碩、博士論文，也是佛法有關科目。（註一）現在我等就沿著人生這條單行道，再進出去看看。

他們說是愛
我就跟著來了
有這麼簡單嗎？
一堆謊言

因為沒幾天
他們就同床異夢了
以後的路
都是陌路
千山獨行啊

來了就來了
怎麼辦？
沒有回頭路
總不能走個幾天
就去跳太平洋
只得硬著頭皮
走下去
沿著這條單行道
一路前行

說真的

這條路不好走
沿路風景很詭異
地處神州之邊陲的南蠻荒島
雖是龍傳人之地
看不出有龍族文化
更奇怪的
沿路望出
鬼比人多
原來這裡早已被
西方妖獸和本土妖女魔男
統治數十年
原來這是一個
鬼地方啊

幸好，我等
一向小心
遠離妖魔鬼怪

走自己的路
一條寂寞孤獨的路
沿途
老是在
寂寞之海載浮
或在
孤獨之洋載沉
浮沉間
一切困難只有自救
不期待誰來拯救

風雨中
浪濤中
死去又活來
活來又死去
仍堅持著
一路走下去

走著、走著
終於走到黃昏
真不容易
黃昏彩霞雖美
卻是太陽的終點站

我等極目望去
終點站已可預見
在不遠的前方
所以我等
現在放慢腳步
慢慢散步
甚至原地打轉
聊聊八卦
以免
以免太快走到
終點站

《心地觀經》詩偈言：「無常念念如餓虎，有為虛假難久停；宿鳥平旦各分飛，命盡別離亦如是。」世間一切都是有為法，山河大地、房產地產、名利愛人……萬事萬物，遲早都要壞滅，走到終點站。由此觀之，一切有為法（世間一切），也都是在走「單行道」，從一個起點（誕生），走到終點（死亡、轉世）。我等一切，都是「空自奔勞的過客」，賞讀〈明潭即興〉。

煙波湖上風雨急
有誰看！有誰看
停棹的舟子都繫住了
迂迴千曲的旅思
但見水霧悄悄的
悄悄的吞吐一座
又一座的青山
彷彿是曾經的約定
卻又恁般無心的走了
而我真的來了嗎

這蒼茫的天地間
空自奔勞的過客

•一九八四

「彷彿是曾經的約定／卻又恁般無心的走了／而我真的來了嗎」。我忖思，詩人是真的來了，只是不止這一世來，而是他的前世也曾來過，所以這一世的來，是前世已經有的約定。

眾生都在隨「業」流轉，所謂「萬般帶不走、只有業相隨」，我等都隨自己的因緣果報，在「業海」中，一世一世的流轉，每一世都是過客，沒有來去。《光明童子經》說：「一切眾生所作業，縱經百劫亦不亡；因緣和合於一時，果報隨緣自當受。」我等雖是過客，果報仍得自受，就再進出這一世，來個即興吧！

他們又說是愛
我就來了
我實在聽不下去
說是愛

更像說八卦

來了就來了
這一世
仍只當過客
雖是一介過客
該承擔的責任
都會承擔
努力的過了一輩子
成家立業
養兒育女
更在龍族詩壇
開創一片天
著作等身
最後也走了
轉世而去
有財產留子孫

更多的詩歌文學作品
留給龍族子孫
成為龍族
永恒的文化財

有這麼多的證據
證明我等
確實曾經來過
當一名過客
但聞佛說
你即無來
也無去
只是如——來

「而我真的來了嗎」
我到底活過沒？
一切有為法

如夢幻泡影
三千大世界
都是一時因緣和合的假相
緣聚則生
緣散則滅
你說來了
即非來了
是名來了
你說去了
即非去了
是名去了

我這樣說法
你懂嗎？
不懂，問天
再不懂
你得以清淨心

傾聽大地
或一片落葉
他們說了什麼？
答案在其中

佛說這是五濁世界，又說人生有八苦，一個苦比一個更苦。人有如一隻活在少水池中的魚，水一天天少，很快就成一隻死魚，怎麼樂的起來？《金色童子因緣經》說：「寢宿過是夜，壽命隨減少，猶如少水魚，斯何有其樂。」按如是說，還真快樂不起來！

但這詩偈本意在警示，警醒我們無常隨時會來，要善用有限的生命和光陰，把握當下，做有意義、有價值的事。因此，要學習放下，好好生活，「努力加餐飯」，有了好身體，才能為眾生服務，一首〈山月〉。

空寂的山𢗤虛掩
透著些微月光
在水藍的𢗤紗上
幽濛如栖息的煙嵐

偶有閒適的風輕颺
只是莫要傍徨啊
總要無眠也無驚
才好，才好安心

安心的想些往事
而不再感到滄桑
至若英雄與草芥
都付客夢渺茫

且任古今自成圓缺
是剎那是永恒
總要努力加餐飯
才好，才好笑談

・一九八五

山月之圓缺，本來就和人事無關，說有關都是自尋煩惱，「是剎那是永恒／總要努力加餐飯／才好，才好笑談」。其實，詩人已是一個很能放下的人，英雄與草芥都付客夢了，古今大小事都不過是一瞬笑談，不上心頭，心中無事，自然是安心、好眠！天天都是快樂星期天，吃飯菜根也香！這便是修行。

我等也來修行
把心事
統統丟到九霄雲外
只管吃飯
睡覺
或與來訪的山月
喝一壺酒
就這樣過日子
使人生八苦
變得有些甜味

當然，時間
會從昨日，追趕你
讓你怕怕
讓你食不知味
沒關係
時間是什麼東西
別理他
英雄與草芥
都付客夢
時間也早已被你放下
山月圓缺
更與你無關
你就安心吃飯
菜根也香
心中無事
夜夜都好眠

我聽師父星雲大師開示時，他說過一個故事。曾經有人問禪師：「禪師！您怎麼修行？」禪師回答說：「我就是吃飯和睡覺。」

發問者反問，我們也同樣吃飯睡覺，難道我們不是在修行嗎？

禪師搖搖頭說：「不是！你們吃飯時，挑肥撿瘦，食不甘味；你們睡覺時，翻來覆去，輾轉反側，睡不安眠。可是我吃飯時，即使菜根都是香的，吃得非常有味，也不挑食揀擇，有什麼吃什麼；我睡覺的時候，不會再想其他的事情，好好的入眠，睡得安心安然。因此，同樣是吃飯、睡覺，效果不一樣。」

所以，修行就在生活中，不是到深山去閉關，回到城市又把持不住。真正的修行，都從食衣住行生活中去落實，而不是到遠方去尋覓神仙之道。我們中國明代大思想家王陽明先生，他的佛法見解很深，他給世人提示了參禪修道的方法論：

> 飢來吃飯倦來眠，只此修行玄更玄；
> 說與世人渾不信，卻從身外覓神仙。

詩人有空寂的山月為伴，與閑適的風為伍，每日安心好眠，又努力加餐。

他已不外求神仙，神仙就住在他的心中，相信他的修行境界，不亞於那位禪師和陽明先生才是！

## 註釋

註一　吳明興的碩博士論文均已出版。他的碩士在南華大學讀，論文《天台圓教十乘觀法之研究》（新北：花木蘭文化出版社，二〇一四年九月），為該出版社刊印《中國學術思想研究輯刊》之第十九冊，論文約四十萬字。吳明興的博士在佛光大學讀，論文《蘇軾佛教文學研究（上、中、下三冊）（新北：花木蘭文化出版社，二〇一四年九月），為該出版社《古典文學研究輯刊》第十五、十六、十七冊，共計百餘萬字。

# 第三章　深居，任風起雲滅

認識明興兄二十年了。（附：二〇〇二年四月十五日，在范揚松的公司第一次見到詩人吳明興，由此再往前推二十多年，我們曾在《腳印》詩刊發表作品，沒想到二十多年後有緣見面，進一步成為好朋友。）

我的印象中，明興始終「深居」在台北近郊的某一山間。除了講學、上課、購物、老友相聚等，他會專程下山，其他時間他都是深居他的山中小公館，讀書、創作、研究學問。本章選擇四首他的深居生活詩，進出他的「山中歲月」，觀其修行境界，〈深居〉。

芳川的冬天開滿山的芒花
在一九八三的末端
我深居如石之不出
任憑寒蛩俱星芒

探我的鵵
我的鵵是不達攀緣的

稍早我走過落葉的樹林
再早則穿越繁花的步道
蝶的翩舞落葉的流竄
今何在　何在大地盡蒼茫
在一九八三的末端
零露已不再晶亮如昔了

一切的純粹迷朦
浮泛在寒氣中的煙塵
起起落落的交侵
一切的精微崩解
恰似善變的雲朵
曲直無非是造化的失誤

在一九八三的末端
我深居如石之端毅
任風起雲滅飄逝八荒
任芒花颺絮枯草輕折
在芳川的冬天
我以璞之凝斂自居

・一九八三

一九八三年（民72），詩人因何「深居如石之不出」？其第三段似有一些暗示，「起起落落的交侵／一切的精微崩解／恰似善變的雲朵／曲直無非是造化的失誤」。面對山下善變的世界，詩人選擇深居，「任風起雲滅飄逝八荒」，仍「以璞之凝斂自居」，過著不攀世緣的清淨生活，我等再進出詩人之「深居」。

一九八三年之末端
我深居
如石之不出

靜坐如石
閉目捕捉任何
閃出的意象
任由窗外紅花多嫵媚
不為所動
陽光悠悠
緩緩
布施他的愛
微風拂來
以閑適的
不冷不熱的
溫度
適宜讓我把捕捉到的
幾個意象
建構成我深居
詩之華宅

一九八三年之末端
我深居如石
如石不出
不動
為何？
因為外面太亂太不安全
話不能亂説
飯不能亂吃
一不小心
豬羊變色
真是叫人厭惡啊
所以啊
我要深居
躲起來
杜絕禍源
才能靜心寫出
清淨的詩

一九八三年之末端
我躲入深山
如岩之深居
恒不動搖
為何？
因為外面實在太黑
黑道已夠黑
沒想到
白道比黑道更黑
沒有最黑
只有更黑

一九八三年之末端
我深居如石
「任風起雲滅飄逝八荒」
「我以璞之凝斂自居」

自創一個
心靈極樂國
那是詩人的
理想國

自古以來，當社會處於動亂不安時，詩人都想要退隱「深居」不出。如謝靈運、陶淵明、王維、孟浩然，以及「竹林七賢」（嵇康、阮籍、山濤、向秀、阮咸、王戎、劉伶）等，他們都一個時代回歸田園山林的代表人物。或許吳明興也正是我們這個時代，退隱「山居詩人」的代表。賞讀另一首〈山鐘〉。

穿過時間的鐘聲
隨著鳥鳴進入山澗
悠悠的無所思啊
幽幽的任我背對石壁
且讓山嵐自在吞吐
如心中的雲影盤桓
再無爭逐的惶恐了

老松只一個伸手
便攬住了滿懷的寧靜
何其高曠澄遠啊
凡百得失的狂蠻
到此都要揉入鐘聲的清暢

・一九八四

山中有寺，有寺應有鐘，常有悠揚的鐘聲飄出，撞擊到行者心頭，那是怎樣的「無情說法」？產生了什麼力量？為什麼詩人說「凡百得失的狂蠻／到此都要揉入鐘聲的清暢」？我等就進出「山鐘」，找尋原因。

山鐘以不立文字
非禪非密
無形無影
以宏亮之聲
涉入紅塵

產生了一股
改變五濁世界的神力
「凡百得失的狂蠻
到此都要揉入鐘聲的清暢」

鐘聲撞過來
和金錢相撞
和權力相撞
和貪嗔痴慢疑相撞
撞到得失
撞到狂蠻
又撞到詩人
誰撞贏了？
撞死了什麼？
你說！

被鐘聲一撞

有的東西撞掉了
也有沒撞掉
剩下一些
得自己想辦法放下
在放下與
放不下間
糾纏著
貪疑雖掉了很多
可是
七情六欲我執
卻又製造另一局
多事之秋
凡此種種
都在與鐘聲來回
糾纏著

鐘聲又撞過來

帶著慈悲心
問君
你到底是放下了
還是沒放？

《華嚴經》上說：「心佛及眾生，是三無差別，諸佛悉了知，一切從心轉。」所以，人本來就有佛性，星雲大師更勉勵人們直下承擔「我是佛」。而眾生之所以問題多多，只是被無明煩惱覆蓋，使智慧光明顯現不出來，修行就是調心，把妄心調成真心，轉凡心為佛心，則當下頓悟並非夢想。

從〈山鐘〉一詩看，詩人當然也被鐘聲撞到，爭逐之心撞掉了，內心平靜，得失狂鑾之心也撞掉了。在那當下，詩人應有所頓悟！另一首〈山中歲月〉。

沒有信的日子
省卻許多牽掛
只是耳根癢癢的
不知誰在念著我

山居清靜
鳥語蟲話
每易使人蕭散
蕭散閒逸

門庭草長
沒有信的日子
除了過境的風雲水霧
訪客也少了

總有人在念著我
耳根癢癢的
只是我已不再寫信
寫長信問究竟了

・一九八四

一九八四年（民73），沒有電腦、手機的年代，朋友家人的聯繫，主要靠手寫書信，「沒有信的日子」，想念會更多，所以詩人說「耳根癢癢的」。這是一個暗示，暗示山中歲月雖然清靜，依然有所牽掛，我等沿著詩人閒逸的山居日子，再進出山中一回。

山中歲月不寂寞
微風和小鳥
每日按時來訪
彩蝶偶爾
窗前小坐
看熱鬧
天牛也是稀客
白雲經常片片
飄來
大家相互交流
一些回憶
遠處傳來雞啼的聲音

聽來悅耳
表示大家日子過得可以
眾生平安喜樂
各方交流
心心相印

偶爾一陣雨
雨後潮濕的地面
出現了其他山居老友
他們平時也愛隱居
現在閒逸出來散步
蟋蟀、蝸牛、蚯蚓等
和我一樣
迷戀著
山中歲月
大家都有志一同
把紅塵

丟棄在山下
如丟棄一雙破鞋
深居山林
過著與世無爭的日子

山居歲月
沒有心事
縱有萬般家國牽念
也付之起伏的群山
任其在山巒間
起伏沉落
手中一支筆
有滿滿的春秋大業
寫出來
也只是一些風聲雨聲
滿腹龍族故事
就統統交付
縹緲的雲霧

吳明興在《蓬草心情》詩集的作者簡介說，「他以鄉土的台灣，民族的中國，人類的世界總綱創作範疇……」；書末的〈何許人〉稱，「台灣人，祖籍閩，遠祖豫」。所以，吳明興對中華民族、中華文化、中國人，都有高度認同，對於現在的台獨偽政權之沉淪，對兩岸統一之憂心，無論如何交付「縹緲的雲霧」，都仍是他永遠放不下的心事。再一首〈山道〉。

遠天的白雲在山脊背後
彷彿陽光的翅膀悠悠滑翔
我忽然掌握不住語言
只見意象沿著山道徐行
而後滅入眾樹的鳥鳴中

偶而會遇到數莖野草花
排開糾纏的藤蔓而綻放
我的心已全部開放了嗎
像自由自在的清風
不問左西右東的隨與徜徉

．一九八五

隱居郊山，晨昏在附近山道散步，會生出怎樣的心境？所謂「我忽然掌握不住語言／只見意象沿著山道徐行」，應該就是心靈開放了，人隨山道徜徉，心思與山道合一了。因此，語言不必掌握，任其如清風在山道裡飄啊飄的，多麼自在！我等也隨詩人進出山道，享受一下清風徜徉的自在。

我一提筆
沿著這條山道
山風伴行
閒蕩著
也有流浪的小鳥
一路歌唱
偶而小坐
到底是
他們伴我，還是
我伴他們
彼此會心一笑

都說
不分人我

除了山風
比較熱鬧的
是各類鳥族
有的是老朋友了
很是親近
有的陌生
在遠處考量我
今天看到一隻
距我最近
我大方的請她
吃一頓早齋
飽食後
臨別
對我回眸一笑

這是今天在這條
山道上
碰到最浪漫的意象

自由自在的徜徉
徜徉在
被時間遺忘的山道裡
竟已起霧
在縹緲間
有合唱曲傳來
原來是
一群不知名的鳥族們
趕路回家
道旁落葉
隨風聲鳥歌起舞
此外
還有趕路的雲朵

不知要趕往何方

至於我
被這條山道拉住
拉住我心
所以我暫時那兒也不去
就在此
晨昏時
有老友相伴
隨興徜徉在山道間

# 第四章　時間，時間是什麼？

時間是什麼？相信每個人都可以說出幾句，但永遠也說不清楚「時間是什麼？」，古代中國人說「古往今來就是時間」。大科學家愛因斯坦說，「世人所知的時間是假相」，相信世人也永遠不知道，為何時間是假相？他在人間過了一天又一天，這是真相或假相？

時間不能前（以前、過去的）看，往前看沒有時間，百年千年萬年都是一瞬間。想想，我等詩人們，一晃竟都六七十歲了，半個多世紀如一瞬；再回首，滿清滅亡竟也過了一百多年，也如一瞬！

回首看中國史，夏商周秦漢三國、魏晉南朝、隋唐五代宋元明清，幾千年也是一瞬。你知道地球現在幾歲嗎？告訴你，地球剛剛度過五十億歲生日，五十後面再加八個零耶！不可想像的久遠，也是一瞬過了，所以時間往前看，都是過去式，沒有時間了！

時間往後（以後、未來的）看，就還有很多時間，等車半小時，你覺得有如天長地久；年輕時常覺得「來日方長」，未來時間多的是。所以時間往後看，就覺得有時間，一天兩天、一年兩年，都是可能擁有的時間。這些「未來時間」，給人希望！給人期待！

在所有對未來的期待中，要等待最久的時間，是等待「未來佛」的降臨。信佛教的人都知道，佛陀是「現在佛」，而彌勒佛是「未來佛」。按經典記載，彌勒生於古印度一婆羅門家，後為佛弟子，先佛入滅，住在兜率天，當其壽四千歲（相當於人間五十七億六千萬年）時，將下生人間世界，成佛於龍華樹下，故稱「未來佛」。（註一）這是未來很久以後的事，我們慢慢的等。

但是，地球已經五十億歲了，科學家說地球壽命剩下四十億年，到時也要老死。而彌勒佛降生，是在地球「入滅」後的第十七億六千萬年，也就是彌勒佛是降生在「下一個地球」，那時你我在那裡？經幾劫轉世？又轉世到了那一個世界？

這是讀了《蓬草心情》幾首讓我想到時間的詩，擴充詩意涵後對時間的再思考。這章從時間進出，賞讀三首作品，〈文山古道〉。

摩天的巨樹
依然青鬱勃勃的向上
向青天的無邊湛藍

貼著山坡一落一落
迂曲疊砌的石堦
則已蒼苔森森了
彷彿玄祕的雲氣
曾在此長時駐足
蟬在問我什麼呢
悄有不堪喑啞的感嘆
只一開口便已說盡
石碑也留不住的銘文
而今落葉是不掃的
敧斜的石椅還在等誰
亂草都靠上扶手了
惟蟲蟻盤桓野宴
在山亭頹倒的瓦礫上
莫非無心的時間也荒蕪了
否則蟬何必苦苦問我
問我行客如今安在

・一九八四

詩人文山古道漫步，他看到什麼？想到什麼？蒼苔森森、玄祕仙氣，還有「石碑也留不住的銘文」，山亭頹倒、時間荒蕪等。不光是石碑留不住銘文，石碑也留不住自己，都被時間殺了，最終時間竟殺了自己，所以時間也荒蕪了，我等再次進出時間。

古道荒蕪
是時間的創作
創作的結果
石碑留不住銘文
因為被時間殺了
時間下一個要殺的
正是石碑
石碑只能站在原地
等死
無路可逃
時間善於創作

他的創作就是
殺殺、殺殺、殺殺殺
殺掉一切
一切都遲早毀在
時間手裡
所以毀滅壞死
正是時間的經典作品

時間才得意的
說著、說著
那山亭
已頹倒了第幾回
時間端起一杯老人茶
喝沒幾口
才見的小樹苗
頃刻
已是摩天巨樹

且在時間的調理中
正一步步
向著毀滅前進
時間高興著
又將要完成一個經典

有時
時間走的比誰都快
我等在後
只聞
時間腳步的回音
沿途池畔
只見殘荷
蝴蝶和蜻蜓俱已轉世
望眼看去
這鬼地方
少有人的氣息

大地荒蕪
是時間正對這
沈淪之島
下死手
那些男不男、女不女的
妖女魔男
只有死路一條
時間也有慈悲的一面
斬妖除魔
挽救島上善良眾生

我把眼睛
飛向九霄雲外
從最高處
往下望
看到文山古道的
前世今生

久遠前這裡是汪洋
後來自海中誕生
又過很久
經過幾位時間主人
最後的主人是
東洋倭鬼

但我預見古道
又將沒入海洋
等待下一次造山運動
再出江湖
那是不名文山
亦非古道
只是緣生緣滅中
一時之假相
時間最終也殺了自己
所以時間也是假相

「否則蟬何必苦苦問我／問我行客如今安在」。蟬無所問，也無所知，只是詩人自我的反思，「如今安在」是很不容易的。套一句吳明興以醫學博士、文學博士和佛學博士立場說的話，「吃得下、睡得著、拉得出，就能安在」。這是很平常、最基礎，確不容易做到，而修行本來就在生活中。另一首〈登指南山即興〉。

沒有煙雲雨霧的指南山
就不成其為仙山了
玉皇的凌霄寶殿
仙長指點眾生以南針的靈台
因馨香垂拱而化育萬芳

我是尋著振發的鐘聲
而敬謹趨進的凡夫
往山口躬身而上
雖煙嵐幽緲繚繞

自有雨露來淨灑

一步一昂首一眺望
可聞絲竹經讚飄飄
可隱約看見明黃的琉璃
含歛著凝靜的輝光
在向著前進的我召喚

越千三百級石堦而上
穿重重雲霧煙嵐而入
但見巍峨的寶殿仙宮
端毅的盤坐在山腹
早已滿是祈安的信眾

眾神肅穆莊嚴
我合掌一支香兩支香三支香
只求諸神加被眷顧

顧我但求放心而已
而讓薪火明燈永世不熄

・一九八四

詩人登指南山即興，雖說「即興」，也顯現詩人一貫的信仰和人生修行高度。「我是尋著振發的鐘聲……在向著前進的我召喚」，這表示中國民間信仰諸神（註二），對詩人有感應，才會有召喚。

進到寶殿仙宮，已見滿是祈安的信眾，詩人祈求的是什麼？不求財子壽，但求放心而已，「而讓薪火明燈永世不熄」。這表示詩人是無所求的人，為何無求？三寶都在心中了，詩人一身是寶，也就無求了！人到無求品自高，也安心，我等進出中國民間信仰神仙界，參訪仙山。

我們都是神州大地上
修習千年的神仙
因而早已
不在進化論機制之內

又超越生死之外
所以，人世間
真正得以
萬歲、萬歲、萬萬歲
就是高坐在
神州大地眾多廟宇內
列位神仙
我們都是中國神
包含台灣地區廟宇眾神仙
全都是中國神
中國仙
不信自去查神仙譜

指南山是一座仙山
數百年前
神仙們從神州渡海
到此遠足

與這裡的子民有緣
就在此
開山立業
受神州邊陲子民的供養
從此，寶殿內
信眾慕名而來
仙宮內
仙氣縹緲
眾神仙每天忙得不亦樂乎
迎接祈安的信眾
眾生各有所求
當神仙的職責
就是滿人所願
不論求財、求壽
求婚、求子
皆滿人所願
如斯則

風調雨順
國泰民安
人間和平

只有一個叫吳明興的信徒
但求放心而已
餘無所求
眾神仙都感敬佩
想來他的修行
可能早已超越了
神仙的高度

現在台灣地區眾神
碰到一個共同問題
幾乎難倒了所有的神仙
大家都不知道怎麼辦
島上的妖女魔男

大搞去中國化
眾神仙都成了
外國神
外國仙
這是不能容忍的
最近有個外國老妖婆叫斐洛西
與本土菜妖女勾結
使島上眾生
陷於戰火之險境

為挽救神州邊陲
沈淪之島
列位神仙已共同上書
玉皇、佛陀和觀世音菩薩
盡早回收這些妖女魔男
同時送往無間地獄明德管制班
永世管訓

求出無期
以免在陽界製造災難
挽救小島子民於危亡
風調雨順
國泰民安
阿彌陀佛！

筆者所述，並非虛構或妄言，而是真實台灣地區各廟宇內，各路神仙所碰到的難題。眾所週知，台灣民間信仰諸神都來自神州，每年各路神仙都要回大陸祖廟參拜，尋根或「回娘家」（例如媽祖要回福建莆田娘家）。但台獨偽政權大搞去中國化，斷了諸神回家的路，這是天大的罪惡，眾神仙一定都在詛咒這些台獨妖女魔男，早早回收，以免在陽界作亂。賞讀〈我們以為時間足夠〉。

有空就去看你
經常在信中說的
我們以為時間足夠
允許一些意外的發生

就像突然造訪的驚喜
在任何最不想念的時候
或者某個下雨的黃昏
我正在廊前升火
準備沏茶而回身之際
忽的瞥見你飄然來到
外帶一瓶人自醉的釀酒
五年也許更久以前
涉過谷地的谿澗
折入依山而闢的小徑
沿途的花草林木都好
春陽裡的野杜鵑
有著村姑的嬌媚
那是令人不禁要動情的
終戰已經很久很久
但有誰會為明日苦惱呢
何況秋天轉眼就駕臨了

庭前小圃新栽的素菊
在霜露的催促下
有著湧然的心事
彷彿含斂不住的客思
但一切都來不及追認了
如今只有還在流離的風
依舊傳遞著顛沛的消息
豈不聞逝水倒敘的說
我們以為會再重逢

・一九八五

不分段的三十行，逐漸排展出「我們以為時間足夠」的情境。朋友、親人，常常許一個假設性的未來，現在沒空，現在正忙著賺錢，來日方長，時間足夠，未來再好好相聚，喝個千杯不醉，結果……

這首詩可能是詩人寫一個朋友的交往，就是始終沒空相聚，以為來日方長。但最末兩行看，「豈不聞逝水倒敘的說／我們以為會再重逢」，解讀其意涵，他們再也沒有重逢，有千百種原因。我等進出時間去看看！

所有的眾生
都在時間的催生下
誕生下一代
時間又撥動生命的指針
一路前行
海洋也開拔
山河亦行動
一切都啓動了
時間創造新生
一切新生
進行著生老病死的輪迴
「允許一些意外的發生」
最終
不論是誰
都過不了「時間關」

這是「逝水倒敘」
這麼說的

所以，我們以為
時間足夠
如池中魚
在水中悠游
等機會成熟
等蟬聲靜謐
等太平洋的浪
情緒好
我們再來一個
奇蹟相逢
所以，我們毫不懷疑
岸與岸
會伸出友情的手
在友誼橋上

重逢

世事多意外
子非時間
焉知時間來不來
因此，我們
把時間放下
不管時間
就算時間到了
過了
也不撕掉一張時間
這樣我們便有
足夠時間
重逢、談心

時間到底是什麼？相信困擾著許多人。或許換個角度，從科學上看看這本書，你會有新的啟示。《時間簡史》，霍金（Stephen W. HawKing），許明賢和吳忠超譯，台北藝文印書館，一九九六年八月。

## 註釋

註一 賴永海釋譯，《維摩詰經》（高雄：佛光文化事業有限公司，二〇一六年十二月再版十三刷），頁一〇五。

註二 所謂「中國民間信仰」，大致指儒、佛、道三家，從唐朝以來一千多年的「三教融合」，所形成的民間信仰。中國（含台灣地區）各地的宮廟內，有不少都是同時供奉三家眾神，台灣所有廟宇供奉的，全部都是「中國神」。可詳見我（本書作者）著，《中國神譜—中國民間信仰之理論與實務》（台北：文史哲出版社，二〇一二年元月）。

# 第五章　在宇宙空無的寧靜裡追尋徜徉

《華嚴經》說：「心佛及眾生，是三無差別，諸佛悉了知，一切從心轉。」人們的一顆「心」要安頓在那裡？相信是很多人至死都尚未解決的難題，因為人的這顆心，問題太多，「內容」複雜。

我們小小一顆「心」裡，包含十個法界，最高有「佛、菩薩、聲聞、緣覺」四種聖者，還有「天、人、阿修羅、地獄、餓鬼、畜生」六種凡夫。這四聖六凡同在一心裡，所以心、佛、眾生三無差別，十法界在宇宙世間，也在我們心裡。

因此，我等一顆心要安頓在那裡？始終是凡夫的問題。每一個起心動念的瞬間，心都在真心和妄心、佛心和凡心，乃至地獄心、畜生心等，轉來又轉去，每天不知在十法界裡來回多少次？

但「諸佛悉了知，一切從心轉」。十方諸佛都能了知，十法界的一切都從心所轉，隨心所現，只要善調其心，就可以轉妄心為真心，轉凡心為佛心。我們

的一顆「頑心」，必能找到安頓的處所，只是這也是一件「知易行難」的事，我們中國明代憨山德清禪師有詩曰：（註一）

滾滾紅塵古路長，不知何事走他鄉；
回頭日望家山遠，滿目空雲帶夕陽。

歲月一天天過，滾滾紅塵古路上，究竟要走到什麼時候，才是人生最後的安頓處呢？不知何事，茫茫然的人生怎麼過的？多麼可惜！有朝一日回頭看到自己，離家鄉越來越遠，年齡越來越大，百種蹉跎，萬千淒清湧上心頭，更是「滿目空雲帶夕陽」，眼前一片空曠，萬事茫然，何處是人生的歸宿？

詩外之意在勉人珍惜光陰，珍惜生命，把握人間好因緣，安頓好自己的身心。否則歲月不饒人，人生眨眼蒼蒼茫茫，走到了終點站，還找不到安身立命處，不知這輩子到底是過了或沒過？

眾生都是凡夫，絕大多數在名利食色的「基本需求」中，茫茫然度過一生。然而，有悟性覺性的詩人，他自有所追尋，追尋一個自在清淨的世界，追尋一個安身立命的處所，使身心靈都能安全自在。本章就從這樣的信念出發，賞讀明興的幾首詩，〈航海〉。

波浪不盡的開展
我乘風凌虛而來
鷗鳥蹴水，驚起浪花
在舷邊篷舉、碎裂
啊！好多耀眼的白銀

島嶼逐漸的後退
退回時間無限的永恒裡
海平線緩緩的突破
突破又形成，在無垠的
蒼茫裡，牽引我的追尋

我是一顆律動的音符
在波浪往復的線譜間
在宇宙空無的寧靜裡
撥響生命的琴絃
為萬古不停的潮汐

・一九八四

詩境的場景，像是電影《泰坦尼克號》，男女主角站在船頭，做出欲飛翔大海洋，只是兩顆愛欲衝天的心，不知要安頓在那裡？眼前先滿足所得再說。或許到了新大陸會有新希望，誰知蒼天不仁……

詩人說航海，即非航海，是名航海。他的真心是追尋，追尋什麼？「我是一顆律動的音符／在波浪往復的線譜間／在宇宙空無的寧靜裡／撥響生命的琴絃」。詩人為撥響生命的琴絃而追尋，「為萬古不停的潮汐」，他的追尋是萬古不停的，我等就進出詩人的追尋。

我啓行
宇宙空無的寧靜牽引我
心欲衝飛
沖向古今海洋
不看路
不訂設航道
我啓飛的航跡
所過之處

都是我追尋的途徑

想起虛空
對我聲聲吶喊
大海對我伸出
邀約的手
我就一路追尋自己的夢境
把海翻騰
也嗨翻了天
再也不想靠岸
就航向
宇宙深處
把身心靈安頓在
空無的寧靜裡
那裡有一個我
正在等著我

飛翔在宇宙的虛無間
任意可以超光速
回到從前
或先試鏡未來
乃至停駐現在
皆無罣礙
任我行
穿行於三界二十八重天
與風與雲
相追逐
有光在虛空中
透明微暗
我看見
我快樂的童年

現在我疑惑
我不知

啊！是無知
宇宙太大、因緣太深
非我能全知
是在那一個世界
是否回到了故鄉地球
天地遼闊
足以收容我放逸的野心
累了
找一座山或海
過著耕山耕海的
耕讀傳家生活
也是一種追尋

我將再啓行
在方寸間
追尋一個寧靜的內心世界
為撥響生命的琴絃

詩人的追尋如萬古不停的潮汐，而追尋的目標是「撥響生命的琴絃」。何謂「生命的琴絃」？應該就是人生的意義和價值，如一把琴，若撥不響，便失去了存在的意義和價值。所以，詩人要用詩努力「撥響生命的琴絃」，證明自己存在的意義和價值。一首〈晴山雨霽〉。

雨晴的午後
山雀來牕檯小駐
牠是不速的訪客吧
不要急著離去啊
請帶著我的心
到山林裡去飛翔

天空湛藍澄遠
白雲澹蕩清舒
我乃塵外居士
在偶然的機遇裡

和這無意的訪客
相遇於山牕

且御風肆遊吧
不要畏縮啊
我已一無惶惑
從容左右唯有書卷
筆墨是不懼的知音
已然伸屈自如

陽光明麗清和
回風坦然相引
我乃草野外臣
斂袖如邃初之石
飄帶如憑虛之羽
在這自得的山水間

・一九八五

這回詩人所追尋的，是當一名塵外居士或草野外臣，御風肆遊，一無惶惑，「從容左右唯有書卷／筆墨是不懼的知音」。讀書人，尤其詩人，確實就是要過這樣的日子，但現在主角更自在，在山林裡飛翔像是一個野生的「自然人」，在自得的山水間飄遊。我等就從晴山雨霽再進出，展衍詩人的自在飄飛。

晴山悠悠
雨霽朗朗
合當把自己放飛
到山林間飛翔
取竹葉做書卷
竹枝為筆
清露為墨
捕一隻彩蝶的意象
為對我嫣然一笑的花朵
寫一首情詩

我的愛
我的夢
就在這山水間飄遊
把滿心詩意
也放生
自由自在飛翔
在這朦朧如詩的山林間
身心靈
也全都徜徉林間
成為竹林一賢
或塵外居士
遺忘季節
山中無日月

偶然間
發現花朵叫醒了春天
卻尚未叫醒我

我成了山林野人
在林間沉睡
做著御風肆遊的大夢
且固執的
不想醒來

還想在林間飛翔
山水間飄遊
一顆心收不回來
只想徜徉
徜徉在如夢如幻雲霧裡
就任其野生吧

不意，或許
夏天太熱
竟被第一聲蟬鳴叫醒
一覺醒來後

放眼望出
晴山雨霽
風光霽月
我的雙眼，以及
心靈神
便汲汲飛上山林縹緲間
就是想飛
飛向塵外的世界
當一名
塵外居士，或
草野外臣

詩人其實是滿懷熱血之男兒，胸懷中華民族之興衰，牽念著中國之崛起和強大。他也是一個「是台灣人也是中國人」為榮的現代中國人，飽讀詩書，雄才大略稱之亦不為過。什麼原因使他要追尋成為一個塵外居士？或草野外臣？大約就是天下不可為吧！島嶼沈淪！政局黑暗，只得隱於山林，寄情文學，追尋徜徉於一個寧靜的世界。〈別無選擇〉。

默然推開久閉的牕子
探看陰雨不停的天色
而我別無選擇
在孤獨的山林裡
只能靜聽淒冷的雨聲
如何像憂鬱的淚水
從屋檐滴落
然後迅速沒入亂草中
沒有鏗鏘的餘音
只是沉沉的憻抖著
彷彿一張蕭瑟的琴
絃都鬆脫了
再也撫挑不出動心的曲調
縱有瘖瘂的歌吟
又怎敵得住險韻的風號
想故人行遠

又是山高又是水長
奔走茫蕩蕩的天涯
蓬草也似的張皇
必會原諒我的固執
執著於守住一方天地
天是自家的天
儘管寒雲蔽日
地是自家的地
即使叢草荒蠻
而我別無選擇
像一粒落地的種籽
不是新生便是死亡

・一九八五

「別無選擇」，通常都有幾分無奈，不得已之舉。但其實人生有很多是別無選擇的，例如生死、工作、婚姻（婚後），乃至許多是因緣、因果所造成的「業」，都是別無選擇，只能選擇承擔、面對、處理、放下，期許能做到「善始善終」。

但今天詩人心情不好，定是有事困擾著。「在孤獨的山林裡／只能靜聽淒冷的雨聲／如何像憂鬱的淚水……」。幸好，詩人「守住一方天地」，有自家的天，自家的地，就此「落地生根」，生死就置之度外了，我等再進出詩人的別無選擇。

我別無選擇
在孤獨的山林裡
成就獨孤一賢
「只能靜聽淒冷的雨聲」

雨，碎碎唸著
似久遠以前
年輕時代縹緲的思念
忽冷忽熱
忽有忽無
轉瞬間
又一花開花落

山中的雲雨
沒有悲情
也沒有抱怨
我一時感受到
他們的無情說法

我再聽那山林裡的
風聲雨聲，以及
白雲的芳影
都已然有了詩意
意象鮮明
如花一生之燦爛
我等不及
也別無選擇
就在這裡
落地生根
任歲月流逝

花開花落如幻夢
從生到死

別無選擇
就在這裡落地
這裡是那裡
那裡都好
心在那裡
那裡便是家
也是根
就守住這一方天地
天是自家的天
地是自家的地

人生有許多別無選擇
例如因緣
或因果

前世訂了約
不能在今世毀約
花要開
不能選擇不開
花要落
不能選擇不落
生老病死
次序都排好了
會一個個
找上門
向你報到
你不能不受理
你別無選擇
因此，你要一一
了卻因緣
不退紅塵
「像一粒落地的種籽

不是新生便是死亡」
這都是自己的天命
了知天命
是你的追尋
了知天命
才能安住、徜徉
在宇宙空無的寧靜裡

## 註釋

註一　憨山德清，明嘉靖二十五年（一五四六）生，明熹宗天啟三年（一六二三）圓寂。明代高僧，字澄印，號憨山，謚號弘覺禪師，南直全椒人（今屬安徽）。傳承臨濟宗，為禪宗復興重要人物。

# 第六章 善知識、好朋友，芳香一世情

我們中國人幾千年來的歷史，有許多著名的交友典範故事，成為千秋之美談。如管鮑之交（管仲與鮑叔牙）、刎頸之交（荊軻與樊於期）、生死之交（左伯桃和羊角哀）、永伴之交（焦贊和孟良）、總角之交（孫策和周瑜）、醇醪之交（程普和周瑜）、劉關張三結義千古佳話。清代顧貞觀和吳漢槎的友情也是動人的一章，怎樣交朋友？怎樣當朋友？相信一輩子都學不盡！

佛教重視交友，所以佛經有不少交友警示（指導），如《妙慧童女經》：「不以諛諂親善友，於人勝法無妒心；他獲名聲常歡喜，不謗菩薩得無怨。」這是菩薩的交友原則；另《佛本行集經》說，「我略說友相，惡諫善勸行；厄難相救濟，是名真善友。」這真正告訴我們，何謂「善友」？而我們孔子則說，「友直、友諒、友多聞」，凡此，皆聖者告訴大家怎樣交到善朋友！

佛經也警告要遠離惡友。如《緇門警訓》「邪師惡友，畏若豺狼，善導良朋，視如父母。」在《大寶積經》也說，「能捨惡知識，親近善知識；菩提道增長，猶月漸圓滿。」另外，在《大般涅槃經》亦說，「我遇惡知識，造作三世罪；今於佛前悔，願後莫更造。」善知識就是善友，惡知識就是惡友，交到壞朋友，會毀了幾代人，自己也造了三世罪，交友不可不慎！

維持朋友之間好關係最重要的元素，不外「真誠」二字，也只有真誠才能得「善知識」（善友）。而真誠也正是詩人最重要的內涵，詩人「真性情」不外就是真誠，在我所認識詩人朋友中，吳明興的真性情程度達到「爆表」。所以，能讓吳明興在詩裡懷念的朋友，他們定有「純度」很高的友情，本章欣賞幾首他記述友誼關係的作品，一首〈明燈相依〉。

雨勢飄降得好斜急
那一夜在山裡
在你客居的書房
我們陷身沉默
彷佛閒置的書卷
各自冥思

造化自然兩無心

曾役於順逆的遭際
而今都別有會意
世事工巧無非經過
偶或興起
援筆立就縱任涓滴

且坦然領受
風雨聲聲的訊息
在這慘澹的天地
當世界煙迷
那一夜在你的書房
猶有明燈相依

明燈相依
靜靜輝映著素心
孤獨而潔清
至若內斂的智慧

一旦麗乎大地文采
總在江河湖海

・一九八五

在山中小住，兩夜客來，兩人在書房當然是談心，能在這種時空相聚的朋友，應是「善知識」。兩人交心聊什麼？顯然不是現在所謂的八卦，而是嚴肅的談經說法等，才會「我們陷身沉默」，各自沉思！

這是一個安靜的夜，好友聊過各自的遭際，世事之無常，「且坦然領受／風雨聲聲的訊息……猶有明燈相依」。過去的風雨都坦然接受，朋友如明燈，可指引方向，可相依取暖，這便是善知識，人生「菩提道增長，猶月漸圓滿」。我等再進出善知識，相依取暖。

不是管鮑
非荊軻和樊於期
是兩顆善知識

那夜
在你書房
我們談經論道
述說際遇
最後
陷身沉默
如書架上每一本書
都沉寂了
寂靜的雨夜
平靜的兩素心
有明燈相依

過往順逆的際遇
潔清的友誼
雖經時間消磨
可曾磨掉
尚未幻化的

「總在江河湖海」
在你我之間
流動著
或如「量子糾纏」
在你我之間
同時示現
一段記憶

那夜過後
你的旅程往何方去？
雄心尚在
壯志只死滅一半
夢想，又
身不由己的
長出了一對
大翅膀
還是要起飛

凡是翅膀都有飛的欲望吧
飛行的意義是什麼？
就是飛行吧
一切都在
綻放與凋委之間
起飛和降落之間
只有飛行時

感受的喜悅和滿足
朋友，你何時靠岸？
來我山居書房
明燈相依
若你已自創一個
不凡的新世界
且已成為該世界的
一方領導
就讓那盞明燈
點在你我心中

持久亮著
還是有些暖意的

浮生如夢
這世界的一切
沒有什麼
永遠是屬於我們的
只有當下的清風明月
滋養我等素心
百年後
一切都沉落大地
成為一把灰
永恒與土地同在
那時若有子孫點一盞
光明燈
明燈相伴
真是三世修來的福報啊

當我在寫本文時，老友方飛白告訴我一件極可怕的事。已經有不少台灣地區年輕人，被騙到柬埔塞和泰國，女的被迫下海「賣肉」，男的被迫當苦力，最後沒有利用價值時，被送到「人體器官買賣市場」，取出「最後的價值」。據說人家特別鎖定台灣，因為人家不鳥台灣，沒有救援的關係和能力，真是台灣的另一種悲哀！

據方飛白所述，發生這種事，有很多是被朋友賣掉的，真是可悲又可痛。難怪《大般涅槃經》說：「我遇惡知識，造作三世罪」，交了壞朋友，不光毀了自己一世，三輩子都毀了。真是罪過！罪過！佛陀也曾叮嚀弟子交友要交善知識。另一首〈故知〉。

不僅沒有驚疑
錯愕之間笑了
我們彷佛消失
又突然出現
十年前的舊事
或者更久遠
在故鄉

日光靜靜移轉
空氣中充溢土味
新耕的田壠
注滿了希望的活水
倒映的白雲[illegible][illegible]
如我們的笑臉
熟悉而遙遠
遠在彼此的對面

對面是繁華的街市
樓宇昂然屏立
商招不停的旋轉
車輛魚貫奔馳
紅綠燈變換有序
但心情卻無從節制

這豈是緊緊的握手
甚至當街擁抱
可輕易了得
且逆回時光
跨越遙想的重圍
或悲慨或談笑
走！千杯怎夠

・一九八五

這位故知大約就是詩人的同鄉，所以詩中滿是早年鄉村田園意象。「空氣中充溢土味／新耕的田壠／注滿了希望的活水／倒映著白雲〰〰／如我們的笑臉」。他們曾一起在鄉間田園，有過一段純淨的生活。

後來各自打拼，詩人隱於山水過著簡單的創作生活，故知則在對面繁華的城市打拼事業，二人難得相聚，甚至消失了十年，如今突然出現。「這豈是緊緊的握手／甚至當街擁抱……走！千杯怎夠」。

走！千杯怎夠
消失十年
你如雲出岫
一轉身
突然出現
像是午間突然的
驚夢
這是夢嗎？
還是醉了！

十年
兩茫茫
我在這頭的山裡
你在對面繁華的街市
有些心事
只有落葉聽懂
端起一杯酒

只能對月共飲
我卻
未飲先醉

日子總是
聒噪
五穀雜糧
不能不吃
有誰不食人間煙火
春去秋來
想必，故知
也是不甘寂寞
正在追逐自己的夢境
否則怎叫男子漢
追逐中
長嘆一口氣
有些夢想

早已死滅
在蔚藍的時空中
船過水無痕
這便是過去的十年

萬事跑不了
一個緣字
那些故鄉的舊事
是不滅的緣
「空氣中充溢土味
新耕的田壠
注滿了希望的活水
倒映的白雲緜緜
如我們的笑臉」
共同的因緣
共同的記憶
推動著

突然相聚的果
我們當街擁抱
走！
千杯怎夠！

萬事萬物跑不了一個緣字，這是很奇妙的事。佛經《緣生論》說，「藉緣生煩惱，藉緣亦生業；藉緣亦生報，無一不有緣。」世間萬有成為一個世界，都是由緣而生，所以說「諸法因緣生，諸法因緣滅」。

「藉緣生煩惱」，人的煩惱，都來自各種原因、條件的和合，才會有煩惱的產生，像五欲、六塵、三毒、五蓋都引發煩惱，這些都是由緣產生而來。

生命流轉三世過程中的「業」和「報」，無一不有緣，一切都不能脫離因緣。所以，我們要珍惜因緣，只要我們能種善因、結善緣，未來必能收到善果。如〈故知〉一詩意涵，早年的善因善緣被雙方所珍惜，才有後來「突然又出現」的機會，這其實不是突然出現，而是因緣所結的果熟了！賞讀另一首〈期待黎明〉。

眼前是岑寂的林子
歸巢的鳥都安靜了

在茫蕩蕩的風中
我無意於抗拒
緩緩沉落的夕陽

紛爭彷彿也是這樣
不要以恨還治其人啊
且將來自朋友的譭傷
交給瞬目即逝的晚雲吧
好讓心也能安靜下來

在安靜中慢慢品味
曾經把臂的歡顏
曾經切磨的信念
這些人情之美的關愛
仍然溫暖孤獨的心田
此去路是無限的長遠

當夕陽沉落黑夜降臨
便有星月相照映
宛如昔日無私的友情
教我期待更燦亮的黎明

・一九八五

通常人一輩子都在交朋友，但極少有朋友能交一輩子，往往只是在人生某一階段有幾個好朋友。但若真有朋友從年輕到老都不變，不知要如何形容這種關係，人間至美之事吧！在現代社會流行「老伴」，在老年時能有幾個好老友共度黃昏，也是一種老來樂。

這首詩是友情芬芳的回憶，並以「不要以恨還治其人啊／且將來自朋友的毀傷」共勉，放下才能使內心安靜，才能品味人情之美。最後詩人形容無私的友情，「教我期待更燦亮的黎明」，好朋友、善知識，如星月相照映，給人「期待黎明」的希望。我等進出無私的友情。

## 我們都是過客

愛恨就交給晚雲
情仇交付西風
這樣走著
行囊就輕了
行囊一輕
才好走遠路
也才方便提起
和放下

往事都經得起
風吹雨打
一切都放下了
風也吹不到什麼
雨也打不到什麼
我們內心平和
就在安靜中
品味

「曾經把臂的歡顏
曾經切磨的信念」
對晚雲和西風
心存感恩

家園總是叫人留戀
誰能不留戀呢
我們都在
天地間流轉
期待著
每個黎明
只是
一路上
難免有浪
浪來浪去
把一艘
一路飄搖的小船

感覺到
不知要飄向何方

幸好，有
無私的友情
如星月相照映
有了方向感
期待更燦亮的黎明

無私的友情，可以讓人「期待更燦亮的黎明」，這大約就是《佛本行集經》說的，「我略說友相，惡諫善勸行」。朋友之間能相互勉勵「不以恨還治其人」，交給瞬目即逝的晚雲，這是友情的光輝，友誼芳香一世情。賞讀一首〈故人遲遲〉。

層巒在水霧裡推湧
在這欲暝的晚天
風雨即便要降臨了嗎

然則等待的故人遲遲
一若遙遠的山路望不盡

空有歸鳥比翼偕飛
那鳴囀呼應的和音
與曾經的歡言相彷彿
杯酒天地把臂古今
都悄悄的回到眼前

眼前是淡墨的山林
憑牕獨依風雲瞬息
草木開始慌忙的碎動
宛然疾疾迫進的足音
卻忽又散入寥落的谷壑

·一九八五

等待故人來訪，這位故人在詩人心中，定有不小的份量，才會「一若遙遠的山路望不盡」，詩人站在高高的山門往下望，怎麼也望不見故人的影子。

只見歸鳥比翼偕飛呼應的和音，「與曾經的歡言相彷彿／杯酒天地把臂古今／都悄悄的回到眼前」。可見他們曾經是「把臂之交」的善知識。

左等右等，「草木開始慌忙的碎動／宛然疾疾迫進的足音／卻忽又散入寥落的谷壑」。草木碎動句是暗示詩人等待的不安，足音又散入谷壑暗示等待的失望，不知這位故人最後是來了，或沒來？

這欲暝的晚天
我倚門望
等待
等待故人
等到一陣陣歸鳥
草木也開始
等得不耐煩
酒杯孤立在桌上
也等著

故人遲遲

遠天的水霧
已完成一幅潑墨山水畫
而我一心
七上八下
似有縹緲的思緒
忽有忽無
像你的影子
忽又散入
空無的虛幻中

曾經的歡言
突現眼前
「杯酒天地把臂古今」
批判風
批判雨

月旦人物
那些真性情
是否已經回歸歷史？

故人遲遲
我忖思
你踽踽獨行的半路上
遇上好風景
有一隻彩蝶
願荐枕席
你擁一夜浪漫
而我，僅
與酒杯把臂
再待明日
故人來訪

# 第七章 鄉愁啊！故鄉何在？

在理論上討論鄉愁，大約有三個層次：（一）對自己的父母所在地、自己出生地或童年成長地，有情感上的眷戀；（二）對自己的本民族、祖國，有情感上的眷戀；（三）人生最後終極家園（天國或西方極樂世界）的追尋，這已進入宗教信仰的領域。

但中國幾千年來，許多詩人作家，他們的終極家園，不是天國和西方極樂世界，而是文學。所以，中國文學具有宗教功能，詩人作家以文學為信仰，以文學為一生的寄託，以文學為一生的追尋，也以文學為他的鄉愁。

鄉愁雖是人類很普遍的情緒，但並非人人都有，例如世界主義者，或很高的修行者，對世間已經沒有什麼執著，可能就是一個「零鄉愁」的高人。在我們中國的大唐時代，有一高人叫龍牙居遁，其詩曰：（註一）

木食草衣心如月，一生無念復無涯；
世人若問居何處，綠水青山是吾家。

修行到這個境界，三毒五欲大約快歸零了。我等凡夫執著和欲望太多，免不了有濃濃的鄉愁。本章就以鄉愁為主述，賞讀幾首詩。〈回鄉偶書〉。

台中的天空
仍是台中的天空
只是不再像十年前那樣藍了
大肚山的相思樹
仍在四五月之交
開著球狀的小黃花
只是不再像童年那樣快樂了
柏油路伸進原本寧靜的村莊
公寓猖狂的有如一叢叢
善於繁殖的野草
逼迫著良田萎縮
工廠帶來了暴發富的福祉
也併發了世紀之毒

天空已經沒什麼鳥了
至於我們家門前的小河
小河裡的魚
只好在黑油油的水中慢慢死去
等牠們完全絕跡之後
這裡的一切也就很進步了
雖然故鄉的天空
仍是無私的天空
只是不再像十年前的人心那樣乾淨了

・一九八四

這個全球性、世界性，無解的難題，只好歸於現代化的代價，錯誤的經濟發展思維，讓人類付出無法想像的代價，科學家形容人類正積極為自己挖坑，好埋葬自己，這個進程已不可逆，把人類物種推向滅絕。

很多人知道「地球第六次大滅絕」將要來臨，且加速提前來臨。其原因是工業革命以來，錯誤的現代化發展，對地球環境產生了毀滅性的破壞，地球已失去自我修復的能力，導至地球第六次大滅絕提早來臨。到時，故鄉也好，異鄉也罷，俱都滅亡。所以，我等把握當下，乘故鄉尚在，再進出故鄉，這是最後的故鄉巡禮。

故鄉變了
變得不乾不淨
臉也變了
心也變了
還是故鄉嗎？

田園都受到
都市化的侵略
在新的叢林裡
鳥找不到
可以生蛋的地方
雞找不到
可以拉屎的地方

人找不到
可以安頓心靈的地方
而眾生
死無葬身之地啊

故鄉的天空
暮色
都依然是無私的
朝陽升起
殘陽依舊
只有揮不去的心思
帶滿懷疑問
在暮色光影中
如夢如幻
感覺越來越亂
故鄉的臉
越來越陌生

深夜時
有影子走近
啊，是故鄉那棵老樹
許多未見
是他的影子
童年時
小朋友們圍著
老樹公公
玩遊戲
樹公公為什麼要出走？
他的老屋被入侵嗎？
他只好也去流浪
流浪到台北

故鄉都毀了
毀於都市發展

毀了故鄉
故鄉只剩下某種味道
蔥爆牛肉
三杯雞
麻婆豆腐
或媽媽的圍裙
而那味道
只存在午夜夢境
夢醒時
那香味就變酸了

啊，故鄉變了
變得不乾不淨
仍是故鄉
直到他鄉變故鄉
那故鄉就真的
死了

千百年來，人們就在故鄉↓異鄉↓故鄉……不斷遷移繁殖，代代繁衍。所有的異鄉經久成故鄉，所有的故鄉最後也會消失得無影無跡。科學家考古說，非洲肯亞是人類最早的故鄉，但新的科學研究說，地球本來沒有生命，不可能「無中生有」，所以最早的生命來自別的星球，原來我們最初故鄉在外星球。賞讀一首〈泥土的孩子〉。

在雀鳥覓食的田園
我愉快的走著
帶著我那出生在異鄉的女兒
一一告訴她
我們都是泥土的孩子

在寬厚的泥土上
第一次看她打赤腳追著雀鳥
雀鳥啊　雀鳥，伶俐的小可愛
那興奮的啁啾聲

是在告訴我們這一季的豐收嗎

穿過茂盛的果樹林
我們並肩在溝渠的堤岸坐下
把雙腳伸入清涼的流水中
流水啊　流水，請慢慢的流吧
我帶著我的女兒回來看妳哪

看吧　這一切都是美好的
大地默默的生養著萬物
聽吧　這一切都是暢快的
有雀鳥的笑語，流水的歌吟
更有我那女兒悅耳的歡唱

孩子啊　盡情的唱吧
將我滿懷掛念的心聲
從指南山的夢想

輕輕的唱到大肚山
唱給家鄉的一草一木聽

・一九八四

濃濃的鄉愁，藏在美美的天倫圖中，故鄉本來已經變色了，但是有了人倫之樂，「有女萬事足」，就「看吧這一切都是美好的」。小女兒的天真歡唱，也暗示著詩人此刻心情的愉悅，孩子是未來的希望。現在至少，要帶她去看看父母的故鄉，不久的將來將要沉落的故鄉。

啊！故鄉
我帶著在異鄉出生的孩子
回來看你
「將我滿懷掛念的心聲
從指南山的夢想
輕輕的唱到大肚山」
我珍惜此刻

不久的未來
這座小島上的眾生
將失去故鄉
連異鄉也沒有了
為什麼？

科學家已經證實
這個沉淪之島
不久將全部沉入海底
只剩玉山頂一點點
浮在海面上
不甘心的
北望神州

啊！故鄉或他鄉
以後都在海底
沒關係

沉在海底的故鄉
還是故鄉
如同逝去的母親
還是媽媽
常在夢中相會
說給後世子孫聽
以為科幻
然而，那確是
大家的故鄉
沉在海底的故鄉

海底的故鄉
光線少
沒有螢火蟲了
沒關係
有發光的魚
有發電的魚

不缺光
不缺電
大家生活照常

海底的故鄉
也許
比陸地故鄉更美麗
更熱鬧、和諧
有森林花園
生物間
相互尊重、和平相處
海底眾生不發展核武
更重要的
沒有統獨之爭

自從海底故鄉形成後
大家不分彼此

故鄉異鄉無差別
大家也覺得
因禍得福
當初沉沒時大家害怕
現在慶幸
島嶼沉沒後
沒了台獨份子
大家都過著幸福美滿的
海底生活
永遠不再有鄉愁了

台灣全島將沉入海底，只剩玉山頂一點點，浮在海面上，北望神州，等待救援。此非筆者危言嚇人，科學家已提出警告說明（詳見二〇一九年八月三十一日報紙，隔日全被封口），就在本世紀之前島沉，顯然時間不多了，故鄉或異鄉終將消失！

事實上，我經常在如夢如幻中，看到江海山川在快速轉變輪迴中，大海變沙漠，山川變海洋。情境有如《金剛經》四句偈，「一切有為法，如夢幻泡影，

孤單的坐在石椅上
曝曬暖暖的冬陽
好久都沒有移動坐姿
緩緩的畢上雙眼
漸漸的有夢的遺覺

已經很久遠了吧
卻又彷彿在眼前
童年寬廣的稻埕
屋檐下石砌的門堦
冬陽暖暖的曬著

曬著穿長袍的祖父
一根象牙的煙斗
久久的啣在嘴角上

一綹銀白的鬍鬚
在柔光中透亮而孤獨

孫兒們任情的戲逐
圓圓的玻璃彈珠
不盡循環的轉來轉去
已經很久遠了吧
卻又彷彿在眼前

・一九八四

寧靜的天倫圖畫中，有童年的回憶，有淡淡的鄉愁。這首詩的前三段寫的是「靜」，從「孤單的坐在石椅上」到「在柔光中透亮的孤獨」，感覺到一種安恬閒靜的狀態。末段有了動感，而動感表現得多麼平靜！在這動靜之間，體現了詩人創作的功力。我等再進出詩人的情境，回到從前吧！

童年的玩伴
遊戲的稻埕

祖父的煙斗
玻璃珠
美麗的田園
都不見了
被時間殺了
俱成過去
已成化石

回到從前看看吧
乘超光速
夢想號列車
起心動念間
以神識
瞬間
就訂到票了

航行中

從車窗望出
水牛、水車、白鷺鷥
農夫、牧童、洗衣婦
啊，還看到
年輕時代的祖父
牽著牛
牛享受著嫩草
祖父享受著陽光
抽著，他的
一根象牙煙斗
在動中靜
靜中動
共構一幅
大自然的田園美景

陽光無聲無息
在田園

散發無私的愛
給人溫暖
一眼看去
都是綠色財富
大家都不佔為己有
眾生共享
所有的綠原
在這純樸的世界
沒有壞人
唯一的壞蛋
是時間
才一瞬間
就把故鄉的冬陽
丟得老遠
丟回古生代

突然

廣播響起
這站是地球
大家從如夢如幻中
醒過來
但大家都說
寧可不要醒過來

我想，回憶童年，回憶逝去的美好時光，應該是我們「靈長類」動物的特質，甚至在犬科、貓科動物也有這種特性。而人類被稱為高等智慧物種，當然對過去有更多的懷念，必然就有更多的鄉愁，我們這輩子活在故鄉與他鄉之間。賞讀〈蜻蜓〉。

浮游在金陽下的蜻蜓
女兒即物式的聯想
童話書中的滑翔機
那是要與白雲齊飛的
總有這麼回事的吧

我耽溺在她的憧憬裡
就在水田的地帶
一些快速旋轉的景象
雖然有些都已過時了
卻不由得你不相信
眼前的一切都美好
她的興奮讓我快樂
誰能說不是呢

雙臂平展的姿勢
原地繞著圈子跑
然後朝田埂衝出
我們輕快的起飛了
迎著舒暢的和風
在故鄉的天空上
認真而自在的翱翔

・一九八五

看著女兒在故鄉的天空，學著蜻蜓的飛翔遊戲，當父親的詩人，自然是快樂又滿足。「卻不由得你不相信／眼前的一切都美好／她的興奮讓我快樂／誰能說不是呢」。問句透露一些言外之意，似乎詩人此時在本質上是不快樂的，他的快樂只是來自外界（孩子的興奮）的刺激形成；若無外界刺激，他便不快樂，至少是有淡淡的感傷。為什麼？又是鄉愁惹的禍嗎？我等進出故鄉的天空。

深夜中
我夢到故鄉的天空
女兒學著蜻蜓
雙臂平展飛翔
美麗的田園
醒來後
仍有故鄉之歌
響起
我的眼裡
有淚的微光

睡不著
起來坐在窗前
望明月
思故鄉
或寫一首詩吧
故鄉和明月
俱捕來
放在詩裡頭
故鄉就永遠
恒住在我詩屋中
這樣
就沒有鄉愁了

我等心甘情願
只要織夢
織夢就好

可使故鄉之夢
恒久存在
直到我等
身影佝僂
依然有織夢的權利

夢中的故鄉最美
夢在時
故鄉必在
夢不在
故鄉也不在
異鄉也不在
其實那時
地球也是不在的

走過茫茫人生，故鄉何在？家何在？耶律楚材有詩云：「從征萬里走風沙，南北東西總是家；落得胸中空索索，凝然心是白蓮花。」（註二）「胸中空索索」，是心中的得失、苦樂、榮辱都沒有了，想必鄉愁也沒了！心如一朵白蓮花，清淨芬芳，純潔可愛！

## 註釋

註一　龍牙居遁，唐文宗太和九年（八三五年）生，後唐莊宗同光元年（九二三年）圓寂。撫州南城（江西）人，世稱龍牙居遁禪師，十四歲，在吉州（江西）滿田寺出家。初參謁翠微無學和臨濟義玄，復謁德山，再禮謁洞山良价，並嗣其法。其後受湖南馬氏之禮請，住持龍牙山妙濟禪苑。號「證空大師」。

註二　耶律楚材，宋光宗惇紹熙元年（一一九〇年）生，蒙古乃馬真后二年（一二四三年）卒。字晉卿，法名從源，號湛然居士，又號玉泉老人。契丹族後裔，遼皇族子孫，以天下為己任。跟隨萬松行秀禪師參禪，得其心法。耶律楚村後隨元太祖征戰，平定燕地，奉召為宰相，歷事兩朝，對改革蒙古陋風有很大建樹。過世九十年後，追封廣寧王，諡文正。有《湛然居士文集》等著作傳世。

# 第八章　無上燈，及其他詩中的佛法禪意

佛經中有一則故事。佛陀要到某一城鎮講法，城裡人得知消息，很多人準備點燈供養佛陀，富人點起大燈，一般人點起中燈，窮人點起小燈。

有一個赤貧女孩也想要點燈供養佛陀，但她所有的錢只夠買幾滴油，連最小的燈也點不起來。油行老闆同情她，送她幾滴油，讓她可以點起最小的燈。

到了佛陀講經說法的晚上，所有大小燈都點燃了，神奇事也發生了。赤貧女孩的小燈亮度，竟然蓋過現場所有的燈，也照亮了夜空，甚至照亮了三界……。

佛弟子們不解的問佛陀原因，佛說：赤貧女孩雖窮困，但她一心赤誠，所以感動三界諸菩薩，所以才一盞小燈發出極大光輝。

燈，在佛教是「十供養」之一。（餘九供養是：香、花、塗、果、茶、食、寶、珠、衣，但佛道有別，可詳參拙著《中國神譜》）。（註一）是故，信佛者點燈供養，是功德也是修行法門，《雜阿含經》曰：「施食得大力，施衣得妙色，

施乘得安樂，施燈得明目。」這是從布施來說，布施使人身心安樂，更有智慧看清世間。

從點燈所發揮的功能（作用、力量），也是很強大。《華嚴經・普賢行願品》曰：「譬如一燈，入於闇室，百千年闇，悉能破盡。」從世俗社會看，點燈、傳燈，象徵給人光明，給人希望、給人一點因緣。

所以禪門裡將初學者，比喻為「黑漆皮燈籠」，因為他心燈未亮；一旦「打破黑漆皮燈籠」，即心燈一亮，心中的愚痴無、煩惱妄想去除，現出自己本來面目，世界都會放光明。佛教希望每個都願做一盞給人光明的燈，光光相照，照亮這個世界。

吳明興是一個早慧的孩子，在他年輕時代、二十多歲的小伙子，許多同齡者都仍在迷途中浮沉，他已經幾乎讀完我們中國許多經典和多部佛經。連他後來的碩、博士論文，寫的也是佛法相關題目（詳見第二章註釋），他的思想中有豐富的佛法意涵，包含這本《蓬草心情》現代詩集。這本詩集的多數作品，意涵著佛、禪意象，本章舉幾首賞讀，〈無上燈〉。

是燈看我看得出神吧
一度寂止的風又來蓮池

散行清唱，悠悠的
幽幽的，便又遊去了

那輕靈的聲籟，彷彿
翻閱經卷的微瀾
緩緩的沉寂下去，又上來
一記晚鐘空空的融化了

化入燻香飛航的光影中
從容而逸，悄悄的
渺渺的，便又寂止了
是燈看我看得入神了吧

註：「無上燈」，語出《中阿含經》，經三十日：「一切有結盡，無病為涅槃，謂之無上燈。」以其破煩惱昏闇之故也。

・一九八四

詩人到了寺院，「是燈看我看得出神了吧」，明明是人看燈看得出神，詩人故意來個主客易位；但也表示人燈合一、人燈無差別，打破了主客的對立關係，變成主客的統一關係。

詩的主題是「無上燈」，所以也以燈為主角，燈破除了詩人的煩惱昏闇，顯然詩人和無上燈是有感應的，這除了詩人有慧根，燈也有強大的功能。如同前面《雜阿含經》和《普賢行願品》所述，一燈能破千年闇。

再者，燈也是一種生活修行法門，名曰「無盡燈法門」。在《維摩詰經》有一段記述，諸天女問維摩詰居士：「我們身在魔宮要怎樣生活和修行？」維摩詰居士這樣回答說：（註二）

> 諸姊，有法門名無盡燈，汝等當學。無盡燈者，譬如一燈然百千燈，冥者皆明，明終不盡，如是諸姊。夫一菩薩開導百千眾生，令發阿耨多羅三藐三菩提心，於其道意，亦不滅盡；隨所說法，而自增益一切善法，是名無盡燈也。汝等雖住魔宮，以是無盡燈令無數天子天女，發阿耨多羅三藐三菩提心者，為報佛恩，亦大饒益一切眾生。

維摩詰這段文用白話說，告訴各位姐妹，有一種法門叫「無盡燈法門」，是大家可以學的，這種法門如燈燈相照，以一燈點亮百千盞燈，一切冥暗之處都被照亮，但它本身的亮光永遠不會終盡。姐妹們，菩薩教化眾生也是這樣，一菩薩開導了百千眾生，令他們都發無上道心，而菩薩之道慧非但無所損減，而且會隨著其說法弘道而不斷增益一切善法，這就叫做無盡燈。你們雖住在魔宮，以修這種無盡燈法門可以讓無數天神、天女都發無上道心，如此既報了佛恩，又能饒益一切眾生。

〈無上燈〉一詩，詩人透過與佛寺中的一燈，有了精神交流，聽聞燈的「無情說法」，「一記晚鐘空空的融化了／化入燻香飛航的光影中／從容而逸，悄悄的／渺渺的，便又寂止了」。這似乎悟到了世間實相的空性、人生之空寂，我等禮贊一盞燈。

我們都是一盞燈
你是無上燈
破煩惱
照亮昏闇處

他是無盡燈
大家都點亮
百千盞燈
燈燈相照
照亮三界
把地獄也照亮

一盞燈
空空的融化了
留下
空空的光
聽到晚鐘傳出
師父喃喃唸著
南無阿彌陀佛……
而燈光化入
空寂的佛音中
化入人心

一盞燈
至少、至少
可以照亮前面的路
人間道上
一半是晚上
白天也常是昏闇的
有光相隨
可以欣賞沿途美景
綻放的花兒
把你當粉絲的蝶
飛向你
因你有光
你有伴同行
踽踽獨行不寂寞

有時候

一盞燈
獨居在皮燈籠裡
頭上沒有一片天
四週望出
盡是黑漆漆
它幽居
在皮籠中嘆息
只能想像飛翔的味道
當它聽到
「一記晚鐘空空的融化了
化入燻香飛航的光影中」
它突然頓悟
打破黑漆皮燈籠
啊，一盞燈
它透一口氣
新鮮的氧
一盞生命中的光明燈

盡情的燃燒吧
你是無上燈
你是無盡燈
照亮冥暗處
你的光
永不終盡
啓悟眾生
皆發無上道心

我們在佛前點一盞燈，就是布施光明，不只給自己光明，也給別人帶來光明。如果我們用燈的光明來供養佛陀，用燈的光明與人結緣，就能有智慧眼，看清很多世間人事的本質，一目了然。再者，給人光明也是啟發人的道心。賞讀一首〈山僧〉。

天空深邃得幾乎不存在
如東風悄然偏轉了無痕跡
要不是驚於代謝的花序

幾疑山中歲月經卷不計年

但暮於斯朝霞忽而西栖
唯鐘鼓儆醒朝課晚課不蔽
天行健願力總在精進裡
沙石具足俱如莊嚴的星辰

至若流光飛航遍照法相
無非是因緣力故有以出苦
邇來平常存心瀰滿歡喜
喜歡在一朵花裡窺見消息

・一九八五

全詩未見有山僧的影子，何來山僧？這是詩人寫靜寫幽的功力。如杜甫〈題張氏隱居〉，「春山無伴獨相求，伐木丁丁山更幽」；王維〈鹿柴〉，「空山不見人，但聞人語響」，都是寓靜於動，突顯靜謐的境界，禪境亦在其中。

僧人雖未現身，但僧人已在其中，且使佛法常流，才使朝課晚課如常進行，鐘鼓儆醒眾生，山僧「天行健願力總在精進裡」。最後把一切「流光飛航遍照法相」，歸入因緣法，因緣法正是二千五百多年前，佛陀悟道的第一個法，宇宙間的實相就是緣起性空。啊！奇妙的因緣，詩贊因緣。

天空深邃
東風悄然偏轉了
定有什麼因緣
或許
從一朵花裡
可以找到答案
在一粒砂中
也典藏著
許多難知的秘密
唯佛能知

一切莫不有緣

包含那
飛蛾撲火
蚊子叮人
乃至流星相撞
皆見證因緣和合於一時
瞬間又化入
虛無空茫中

但，你
確是來了
是隨因緣而來
走在這條路上
有風有雨
是多麼真實
甚至我們自己也曾經
掀風翻雨
乃至翻雲覆雨

當繁華落盡
你思索這一切
「無非是因緣力故有以出苦」

筆者年輕時，相信所謂的「生涯規劃」，十五歲就規劃好自己一輩要完成的偉大事業，真的既偉大又神聖。但忙了幾十年，所有規劃好要做的事，皆一一落空，那些從未規劃，更從未想到要做的事，都意外的「水到渠成、不須預慮」，坐實了竺庵大成禪師一首詩偈：（註三）

伯勞西去雁東來，李白桃紅歲歲開；
萬事無過隨分好，人生何用苦安排。

真是，人生何用苦安排？想想諸事之成就，不外隨力、隨緣、隨分、隨喜，所以水到渠成。而失敗者，多是過於強求，本無善因，便無善果。那當「山僧」者，也是因緣，他懂得隨順因緣，故「邇來平常存心瀰滿歡喜／喜歡在一朵花裡窺見消息」，那是因為，緣起性空俱在這一朵花中。賞讀一首〈過萬佛寺〉。

玲瓏的紅蝶停在籬花上
那是一列白玉般的月橘
從前庭一路飄香而來
我躡著步子跨上石板道
唯恐一個大意便驚動了
這裡的寧靜和莊嚴

煥發的旭陽輕輕的被覆
明黃的琉璃燦亮如千燈
深蘊著靈慧的光采
這與門楣上的烙金工楷
大雄寶殿四個端整的字
恰如其分的相互輝映

節律悠揚的梵唄
行雲流水般的澹蕩而起
法喜隨處誠意方殷

但見紅蝶撲翅白花竦動
我遂悄然俛首閉目合十
聽任妙諦把心充滿

・一九八五

詩人過萬佛寺，「我躡著步子跨上石板道／唯恐一個大意便驚動了／這裡的寧靜和莊嚴」。可見詩人是禮敬三寶的佛弟子，經典中記載一個菩薩，怕腳步驚動了大地，每一步都慢慢踩下，輕輕抬起，詩人亦如是心態，更體現詩人的謙卑心！

詩人不過是「過」萬佛寺，從寺旁經過一下，聽到悠揚的梵唄，就能夠「悄然俛首閉目合十／聽任妙諦把心充滿」。可見詩人不光是虔誠佛弟子，更是易於感受法樂的人，有深厚的慧根和佛緣。所謂「法樂」，在《維摩詰經》中，維摩詰居士如是說：（註四）

就是以終生信奉佛法為樂
以聽聞佛法為樂

以供養出家僧眾為樂
以遠離聲色五欲為樂
以視五蘊身如臭皮囊為樂
以視四大如毒蛇為樂
以內觀眼耳鼻舌身意等感官如荒村曠野為樂
以時時刻刻呵護道心使其不失為樂
以利益眾生為樂
以恭敬供養師長為樂
以廣行布施為樂
以堅持戒律不懈為樂
以忍辱柔和為樂
以勤植善根、廣積善行為樂
以禪定攝心令心意不亂為樂
以遠離垢染開發智慧為樂
以廣發道心引度眾生為樂
以降伏魔障為樂
以斷除一切煩惱惑障為樂

以成就清淨佛土為樂
以成就相好莊嚴為樂
以廣修各種功德善行為樂
以莊嚴道場為樂
以聽聞精深微妙佛法而心不生畏懼為樂
以修三解脫門為樂
以不滿足於臨時解脫，以親近修學同道為樂
能以平等心對待非修學同道，以親近善知識為樂
又能以幫助惡知識為樂
以喜愛清淨為樂
以修習種種證入佛道的法門為樂
凡此諸樂
即是菩薩法樂

以上維摩詰居士所述三十多種法樂中，在吳明興《蓬草心情》詩集裡，有不少作品除了佛法禪意，我亦隱約感受到詩人的法樂。《大寶積經》曰：「三界諸樂具，盡持施一人；不如一偈施，功德為最勝。」吳明興這本詩集有如「一

詩施」，是一本法布施的作品，能啟人道心，詩人能不樂乎？賞讀〈晚鐘〉。

浮在波浪上的山
欲奔欲流
流在山上的波浪
頻頻回頭
究竟走也不走

對岸的群樹
漂著熹微的晨光
漫入空緲的水霧
無垠的寂虛
卻惹來鳥的驚異
莫道不可說不可說

遠村的雞啼
在幽谷間

硬是忍著夢意
愈來愈清亮

只在出神的剎那
玄奘寺的曉鐘
便撞滿懷
恰如山水的偈語
瀰淪永恒的天地

・一八九五

第一段「浮在波浪上的山」和「流在山上的波浪」，是極有創意和想像力的詩語言。而「欲奔欲流、頻頻回頭、究竟走也不走」句，也富有禪意，走也不走，是無來，也無去，只是「如來」！

中間兩段是玄奘寺附近環境，清悠寂靜。末段「玄奘寺的曉鐘／便撞滿懷／恰如山水的偈語」，曉鐘或山水不會表達偈語，若說曉鐘山水說偈語，這便是「無情說法」，能懂「無情說法」的，便已經不是「凡人」了！

確實，吳明興對佛學研究之深、領悟之妙，他真的已入不凡之境，對無情說法，他了悟於心，他的博士論文中冊第四章第二章，講的正是〈無情說法所奠立的法喜典範〉。（註五）他的詩集有不少作品，也都有無情說法之意涵，只要用心欣賞品讀。

關於「無情說法」，在我們中國的大唐時代，洞山良价禪師和雲巖曇晟禪師有一段對話：（註六）

洞山良价禪師初次拜謁雲巖曇晟禪師時，問道：「有情說法，說給誰聽？」

雲巖禪師回答：「當然是有情聽。」

洞山禪師再問：「無情說法時，誰能聽到呢？」

雲巖禪師答：「無情能聽到。」

洞山又問：「請問雲巖禪師，你能聽到嗎？」

雲巖答：「假如我能聽到的話，那就是法身，你反而聽不到我說法了。」洞山反問：「為什麼？」

這時雲巖舉起拂塵，對洞山說：「你聽到了嗎？」

洞山回答：「聽不到。」

雲巖說：「我的說法你尚且聽不到，何況是無情說的法？」

洞山仍不明白，再問：「無情說法出自什麼經典？」

雲巖答說：「在《阿彌陀經》不是記載八功德水、七重行樹，一切皆悉念佛、念法、念僧嗎？所以西方極樂世界裡，就連樹木花草都會宣說阿彌陀佛的佛法。」

洞山心有所悟，便作偈曰：「也大奇！也大奇！無情說法不思議，若將耳聽終難會，眼處聞聲方得知。」

其實真正的聽經聞法，不一定是耳聽，眼耳鼻舌身意都能聽，說法的人也不一定用口說，許多身體語言都可以說。這是所謂六根互用，圓通無礙，是悟道之妙！

吳明興這本詩集有大量的無情說法，從第一首〈回音〉「閑適的雲……」、第二首〈山居〉「風總是不假……」。所以，他這本詩集有很多層面的賞讀，佛法禪意只是之一！

## 註釋

註一　本肇居士，《中國神譜：中國民間宗教信仰之理論與實務》（台北：文史哲出版社，二〇一二年元月）。第二篇第十四章。

註二　賴永海釋譯，《維摩詰經》（高雄：佛光文化事業有限公司，二〇一六年十二月再版），詳參〈卷上・菩薩品第四〉。

註三　竺庵大成禪師，明萬歷三十八年（一六一〇年）生，康熙五年（一六六六年）圓寂。湖南醴陵人，覺浪道盛法嗣，有詩集《會聖堂集》傳世。

註四　同註二。

註五　吳明興，《蘇軾佛教文學研究》（中冊）（新北：花木蘭文化出版社，二〇一四年九月），詳見第四章，第二節。

註六　洞山良价禪師，唐憲宗元和二年（八〇七年）生，唐懿宗咸通十年（八六九年）圓寂；雲巖曇晟禪師，唐德宗建中元年（七八〇年）生，唐武宗會昌元年（八四一年）圓寂。

# 第九章 政治與歷史的懷憂暗示

在現代社會，「政治是管理眾人之事」（引孫中山先生之言），這是千真萬確的事，無論你是誰？住那裡？你都不可能逃脫得了政治力的影響和約束。這是因為現代人的食、衣、住、行、育、樂，乃至生、老、病、死，都和政治、法律有密切關係。

嚴格的說，在你尚未出生，尚在媽媽肚子裡，就已經受制於政治和法律的管控，才受胎數月的你，不一定有緣誕生在這個世界。（在筆者寫本書的二〇二二年夏秋之際，美帝正為婦女的墮胎權，吵得快要爆發內戰，造成社會分裂的嚴重政治問題。）

就算你順利誕生，也順利活了一輩子，即將面臨最後的老病死，也仍有很多政治和法律問題，糾纏著你和家人。不是你想死就可以死，如何死、死後怎麼葬！都有法律規定，法律就是各黨派政治妥協的結果。

以上是就客觀世界的環境而言，人是「環境動物」，不可能不受環境影響。

人從小到大的成長過程，必然在所處的環境，長期「冷水煮青蛙」，刺激、制約、受教，而成為「現在的樣子」。

但從主觀而言，人是一個獨立的個體，一花一世界，人又是「唯一的智慧生物」（限地球上），更有佛性。因此，人對客觀世界（國家、民族、社會），也有一種斷不了的情結關係。無論「竹林七賢」躲得多遠多深，無論「陶淵明們」隱居何處？他們的作品裡，對所處的社會、朝代（政權、國家）、人民，依然是關心的，對民族興衰、歷史悲涼，也仍牽念著！

吳明興，何許人？他以鄉土的台灣，民族的中國，多懷憂之作。在詩集末有短文〈詩人的墓誌銘〉，戲謔洋煙（KENT）（砍頭）說，吸起來那味道比中國的泥土還香，只是沒有中國的情那麼濃。

與明興交往多年，他雖在台北近郊的山區隱居，當一個與世無爭的詩人、學者。惟我深深理解，他心繫中華民族的興衰，以身為中國人為榮，期待著「中國夢」的實現，他的作品有不少政治與歷史的懷憂暗示，本章選數首欣賞，一首〈儆醒〉。

午夜，我輕輕的把剛入睡的筆
輕輕的搖醒，無邊的風雨又起

千萬別入夢啊　請陪著我
陪著我在淒寒的暗夜裡，保持
絕對的儆醒，儘管有人又醉了
醉倒了，倒在黑鬱鬱的驚駭裡

請陪著我橫渡，橫渡大寒流
緊緊的依偎著我吧！以不屈的直
直直的把偃仆的桅桿豎起，在悲涼
在海峽的險濤裡，升起一盞燈
星一樣的掛在東方的天空，掛在
每一雙找尋的眼中，以不變的方向

・一九八四

詩人因何晚上睡不著，要把「剛入睡的筆」搖醒，一定是有事發生，「無邊的風雨又起」，所以要保持「絕對的儆醒」。詩人要保持儆醒，而有人是醉了，在驚濤駭浪裡，醉倒了，不清醒。

在第二段有了答案，面對兩岸問題，台灣很多人迷失了方向。所以詩人要在海峽中，「升起一盞燈／星一樣的掛在東方的天空，掛在／每一雙找尋的眼中，以不變的方向」。東方的天空升起一盞燈，暗示中國升起，指引人類文明文化的光明，其意象甚為鮮明。賞讀另一首〈明史終卷〉。

悄悄的把明史闔上
獨坐看孤蘭垂露
一切都在不言中了
叵耐秋蟲夜夜淒切
這叫我說悲涼與誰
蘭是眾香王者
應馨風廟堂化及萬芳
然則思肖先生不欺
他所喻於寇虜闍寺的
豈只是蓬草心情
想那烽煙飄絮
如何了得劫灰流徙

擲筆莫歎啊擲筆
幸賴門庭堦前
還有幾竿勁節的竹
伴我傾聽西風憂思
否則海隅潮汐
難辨魯王走國形跡
這叫我如何橫渡
渡盡客死的哀淒

・一九八五

我讀明史「終卷」，也感無限悲涼，最悲涼是崇禎皇帝（明思宗朱由檢），竟在崇禎十七年（一六四四年）三月十九日，晨天色甫明，上吊自殺在北京景山公園的一棵歪脖子樹。悲涼的歷史，總是感動人！

按歷史記載，是時，帝與太監王承恩相對自縊而死。在崇禎帝衣襟有一遺詔曰:「朕自登極十七年，逆賊直逼京師，雖朕諒德藐躬，上干天咎；然皆諸臣誤朕。朕死無面目見祖宗於地下，去朕冠冕，以髮覆面，任賊分裂朕尸，勿傷亡百姓一人。」（註一）啊！悲涼的明史終卷，悲涼的景山公園！

這美麗與哀愁的公園
不久康熙大帝登景山作詩曰
雲霄千尺倚丹丘
輦下山河一望收

比康熙早些時候
崇禎帝上景山
上吊自殺
終結明朝

現代觀光客登景山
為一覽北京全景
為一眼全方位看盡紫禁城
把悲涼還給歷史

登景山不是爬山
登高只想遠眺
想和山上的樹站在一起
讓自己有孤的感覺

終於登上了景山
導遊開始說故事
關於康熙、崇禎
又說了溥儀、馮玉祥和江青

景山故事說不完
我是來看風景的
也成為別人的風景
風景不再悲涼

但那棵歪脖子樹
至今不明白

好好的皇帝不當
幹嘛在我身上自殺身亡

歷史的風
要怎麼吹
大家都不知道
忽東忽西

今天
海峽吹的是什麼風
北京吹的是什麼風
有誰知道

打開任何一本《中國歷史年表》，不論大陸或台灣出版，明朝都亡於一六四四年，之後魯王、鄭成功等幾十年，雖仍是明史「終卷」，但已入於清代。按中國編年史規則，中華民國已亡於一九四九年，之後的「終卷」，已入於中華人民共和國史，只是我等不捨、不肯，這是多麼悲涼的事。另一首〈航空郵簡〉。

異地而處景物殊勝
只是春來不覺親
橫渡萬里山海
你的郵筒倦如候鳥
然而那頑強哪
依然是回返的渴想

在東方的午夜
我悄然臨牕探望
每不敵暗風峭寒
更有那史卷硝煙瀰漫
這叫我如何平靖心氣
與哀黎無言相依

你總愛細數西潮暴起
不僅止於船堅砲利
相對於東方黎明

裂我散甲再難自蔽
可堪龍獅瘡痍
遂任令刀俎所欺

此間一燈儆醒
旋身愀然再三顧影
何為榮華槁灰
想來日風雲際會
時勢英雄英雄時勢
定教強虜俯首悔愧

壯懷思飛籬下無畏
我當等你來歸
誠如信守的郵簡
識得故里經緯
那計天涯多滄桑
但期遊學志在必償

・一九八五

一張異地而來的航空郵簡，春來也「不覺親」，因為那郵簡來自西方列強，午夜思之，過往百餘年中國人受到的無數苦難，「這教我如何平靖心氣／與哀黎無言相依」。悄然臨隐，睡不著啊！

「可堪龍獅瘡痍／遂任令刀俎所欺……定教強虜俯首悔愧」。從中英鴉片戰爭後，中國人「跪下去了」，到一九四九年中國人「站起來了」，已過百年；到習近平中國人「強起來了」，又過了七十年，中國夢要實現了，我們將迎來「中國人的廿一世紀」！

詩人吳明興的夢（也是我的夢）也要實現了。一九八五年他夢想著「定教強虜俯首悔愧」，在當時這真是「夢想」。但三十多年後的今天，從二〇一八年以來，川普和拜登對我大中國的鬥爭，完全佔不到便宜；尤其老妖女陪落西竄台後，中美的戰略態勢，美西列強已處下風。所以我說吳明興的夢想要實現了，那是所有中國人的中國夢，另一首〈孤影寒燈〉。

一切都預備好了嗎
我輕輕的問著自己
在進退的抉擇之間

搶劍並不回答我的質詢
長夜寒燈孤影為伴
一切的行止都妥當嗎

沒有人能告訴我
梱紮好的書卷
似乎只知道沉默
如果無言也是一關切
那麼我的噤聲
會是無畏的前題嗎

曾經共悲歡的友朋
為何紛紛遠去
然而風雨并未止息哪
回首激憤的歲月
怎堪茫漠的燈暈
微弱而又悲涼

造次顛沛必於是
哀樂榮辱莫不如此
然則樂而忘憂將如何
至若漸漸不能自己
除了眼淚模糊
敢問蒼天為何而暗泣

為大義而赴死的魂魄
為生存而血肉蕩然的鬼靈
你們都在我的週遭嗎
五十年五百年五千年
千千萬萬早殤的精魂
都圍繞在我的身邊嗎

沒有鬼能告訴我
歷史無奈的宿命

民族蓬散的愁傷
從冰冽的春寒
到冬雪的殘年
怎會只是顧盼兩茫茫

・一九八五

六行六段，孤影寒燈，三更半夜，詩人何所懷憂？而睡不著，第五段才有了答案。難道這天是一九八五年的青年節嗎？才讓詩人感覺到「為大義而赴死的魂魄／為生存而血肉蕩然的鬼靈／你們都在我的週遭嗎」。再進而，詩人又想到有史以來，「千千萬萬早殤的精魂／都圍繞在我的身邊嗎」。

詩人讀透了上下五千年的中國史，胸中積滿五千年正氣之歌，卻也無奈的質問，為何每個朝代之末世，都有很多為大義而死的烈士，歷史為什麼一再重演？這是無奈的宿命嗎？

而當下，兩岸已分裂數十年，民族亦隔閡，國家何時統一？身為詩人，愁斷腸啊！「民族蓬散的愁傷／從冰冽的春寒／到冬雪的殘年／怎會只是顧盼兩茫茫」。一個二十多歲的青年詩人，牽念著中華民族之興衰，而懷憂，晚上睡不著，可敬可佩啊！一首〈兩岸〉。

潮汐追逐潮汐
從那邊的碼頭
到這頭的港灣
彷彿難解的連環
扣住牽引的兩岸

波浪慫恿著波浪
從歷史的烽火
到時代的苦難
彷彿宿命的繮索
鎖住流離的鄉愁

船要開航了嗎
從日出的等待
到月落的張皇

海上空茫的景色
依然多風而悲涼

・一九八五

兩岸，兩岸，多麼悲涼的兩岸問題，從一九八五年仍能稱「正統」，從大漢奸李登輝到現在大妖女蔡英文，及一群妖女魔男，大搞「去中國化」的漢奸姦行，已變成了「台獨偽政權」。這豈止是悲涼，更是悲哀！

讓詩人料想不到的是，時序糾纏到二〇二二年八月之際，美帝眾院老妖婆暗落西竄台後，解放軍發動圍台大演習，這是「統一的演練」。前國安會秘書長蘇起，判斷當前中美戰略態勢，直言五年內必完成統一，到那時「歷史的烽火／時代的苦難」，都將暫時劃下句點。

但，但，兩岸問題解決了，中國再次完成統一，「中華民國」這塊招牌，大約就得正式回歸歷史，連「空殼」也不見了，對中山先生真是情何以堪。但總理大概也能接受，讓我向總理孫中山先生做個報告吧！

我們的總理，永遠的總理

你在哪裡！
詩人吳明興和陳福成在呼喚你
兩岸子民在想你
全球中國人也在想你
我們對著海峽浪濤大喊：
總——理——
大海有了回音：
他正要重組中華革命黨
我們又對神州大地喊：
總——理——
大地巨大的回響：
他正忙著創建黃埔軍校事宜
命蔣中正任黃埔軍校校長
總理，我們永遠想念你

總理，你知道嗎
你創建的中華民國

本有一千一百多萬平方公里的領土
一九四九年時
中華民國流落台灣小島
面積剩下三萬多平方公里
現在更慘了
妖女魔男以偷樑換柱之計
中華民國現在只剩
一個空殼
一個空名的中華民國

還有更慘的
妖女魔男操弄去中國化
說你是「外國人」
啊！總理
你成了「老外」
天理何在？
台獨偽政權禍害中華民族

毒害新一代年輕人
遲早有一天
連中華民國牌子也不見了
如破鞋般被丟棄
尊敬的總理
你說傷不傷心！

總理，雖有傷心的地方
也有安慰、樂觀的一面
想當年，你得意的信徒
蔣中正，也是我老校長
把江山讓給共產黨
那是你曾經「容共」的黨
他們自稱也是你的信徒
中國在共產黨治理下
大家都說
三民主義的理想在大陸實踐了

你的建國藍圖
實業計畫
不僅全面實現了
而且大大超越

中國已然崛起
中華民族已然復興
強大的三軍
壯盛的國力
團結的軍民
已使美帝和西方列強
恐懼、害怕
中國人的世紀到了
這是總理你一生革命的夢想
如今夢想就要實現
最後一步
就是兩岸統一了

統一之後
中華民國必回歸歷史
只要國家統一
成功不必在我
總理，你說對嗎？

祈願，總理佑我中國
早日完成統一
台灣子民得救
中華子民永遠想念你
懷念你

## 註釋

註一 陳福成，《歷史與真相》（台北，文史哲出版社，二〇二一年九月），詳見第七章。

# 吳明興略歷

吳明興，福建省南靖人，民國四十七年八月四日，生於臺灣省臺中市西屯區惠來里。佛光大學文學研究所文學博士、湖南中醫藥大學醫學研究所醫學博士、白聖佛教學院佛學研究所佛學博士，南華大學宗教學研究所碩士、白聖佛教學院佛學研究所佛學碩士。

曾任《葡萄園》詩刊主編、腳印詩刊社同仁、象羣詩社社長、《四度空間》詩刊編委、《曼陀羅》詩刊編委、臺北青年畫會藝術顧問、《妙華》佛刊撰述委員、曼陀羅現代詩學研究會副會長、香港文學世界作家詩人聯誼會會員、香港當代詩學會會員、江蘇《火帆》詩刊名譽成員、湖南《校園詩歌報》副主編、黑龍江哈爾濱出版社編委、湖南省《意味》詩刊編委、中國散文詩研究會常務理事、圓明出版社總編輯、原泉出版社總編輯、如來出版社總編輯、中華大乘佛學會總編輯、昭明出版社總編輯、雲龍出版社總編輯、知書房出版社總編輯、米娜貝爾出版社總編輯、慧明出版集團總經理兼總編輯、湖南中醫藥大學附屬醫院醫師，育達科技大學應用中文系、玄奘大學中國語文學系講師，法鼓佛教學院佛教學系、佛光大學中國文學與應用學系助理教授，主講《東西文化》、《應用文》、《中國現代詩》、《中國現代小說》、《中國現代文學史》、《口語表達與敘事》、《文學文化導論》、《文化創意產業》、《華嚴學》、《天台學》、《大學國文》諸教程。現任白聖佛教學院教授，主講《高僧傳》、《佛教禪定的原理和實踐》、《原始佛教思想專題》、《天台宗綱要》、《中阿含經》、《般若波羅蜜多心經》、《金剛般若波羅蜜經》、《勝鬘師子吼一乘大方便方廣經》、《印順導師的學思歷程》、《楞伽阿跋多羅寶經》、《唯識學探源》、《解深密經》諸教程。

親自「審、編、讀、校、刪、訂、考、潤」出版的叢書有《般若文庫》、《生活禪話叢書》、《薩迦叢書》、《花園叢書》、《密乘法海叢書》、《根本智慧叢書》、《曲肱齋全集》、《流光集叢書》、《大乘叢書》、《昭明文史叢書》、《昭明文藝叢書》、《昭明心理叢書》、《昭明名著叢書》、《頂尖人物叢書》、《科學人文叢書》、《雲龍叢刊》、《佛學叢書》、《famous 叢書》、《全球政經叢書》、《弗洛伊德文集叢書》、《經典叢書》、《人與自然叢書》、《創造叢書》、《新月譯叢》、《花園文庫》、《春秋文庫》等，已出版者凡四百餘種，發行達數百萬冊。

撰有散文詩百餘篇、創作詩數千首，已在海內外三百餘種報刊、雜誌發表大量創作。並著有學術論文《蘇軾佛教文學研究》（文學博士畢業論文）、《延黃消心痛膠囊對急性心肌梗死模型大鼠抗心肌細胞凋亡作用機理的研究》(醫學博士畢業論文)、《唐朝佛教經藏典序研究》(佛學博士畢業論文)、《天台圓教十乘觀法之研究》(宗教學研究所碩士畢業論文)、《星雲大師人間佛教思想源流論與新詩創作研究》(佛學碩士畢業論文)、《詩人范揚松論》、〈天台智顗學統研究〉、〈文學與文學出版品傳播通路在臺灣的出版現象綜論—以二十世紀最後十五年為考察範圍〉、〈華美整飭的樂章—論高準〈中國萬歲交響曲〉〉、〈鋤頭書寫—閱讀陳冠學《田園之秋》〉、〈鋤頭書寫的佛教語境—再閱讀陳冠學《田園之秋》〉、〈北宋文學思潮的佛學根源導論〉、〈從古典化裁序論新詩集《聖摩爾的黃昏》〉、〈宗派佛教與文人文學〉、〈正朔觀的歷史意義〉、〈孔子詩教與人文化成的意義〉、〈蘇軾三教思想論〉、〈從三昧看蘇軾與《維摩詰經》〉、〈唐宋佛教居士典型論—王維與蘇軾〉、〈胡爾泰古典詩學略論〉等，凡兩百餘萬言。

名列天津人民出版社，《中國文學家大辭典》；瀋陽出版社，《臺港澳暨海外華文新詩大辭典》。作品已被編入下列選集：

臺北，自強出版社，《葡萄園詩選》。

臺北，前衛出版社，《一九八四臺灣詩選》。

臺北，東吳大學文藝研究社南風現代詩組，《現代風格詩粹》。

臺北，爾雅出版社，《七十四年詩選》、《七十五年詩選》、《八十年詩選》。

臺北，九歌出版社，《中華現代文學大系‧詩卷》。
武漢，長江文藝出版社，《臺港愛情詩選》、《中國當代青年詩人詩萃精評》。
臺北，秋水詩刊社，《秋水詩選》。
北京，學苑出版社，《中國現代抒情名詩鑑賞大辭典》。
長沙，湖南文藝出版社，《當代臺灣詩萃》、《一九九零青春詩曆》、《友誼與愛情‧一九九一年新詩日曆》、《當代愛情友情詩三百首》、《散文詩精選‧一九九三~一九九八》。
天津，百花文藝出版社，《海內外新詩選萃‧一九八九年夏之卷》、《海內外新詩選萃‧一九九一年冬之卷》。
河北，河北人民出版社，《鄉愁：臺灣與海外華人抒情詩選》。
泉州，名城詩報社，《名城詩歌選萃》，第一卷。
哈爾濱，哈爾濱出版社，《走出大沼澤‧散文詩選萃‧一九九零年卷》、《臺灣散文詩選》。
河南，河南人民出版社，《臺港現代詩賞析》。
陝西，寶雞市文聯，《開闊的生命》。
太原，北岳文藝出版社，《臺灣新詩鑑賞辭典》。
香港，新泉投資有限公司，《我的母親》，第三輯。

九龍，金陵書社，《一九九三當代詩人詩曆》、《前傾的姿態》。
北京，中國青年出版社，《一九八九～一九九零・青年詩選》。
太原，書海出版社，《世界華人詩歌鑑賞大辭典》。
臺北，大乘印經會，《一葉一如來》。
臺北，正中書局，《中國新詩淵藪：中國現代詩人與詩作》。
臺北，幼獅出版社，《幼獅文藝四十年大系・新詩卷》。
北京，人民文學出版社，《一九九零～一九九二・三年詩選》。
瀋陽，春風文藝出版社，《詩歌金庫・港澳臺詩歌精品》。
臺北，漢藝色研出版社，《一九九四・中國詩歌選》。
香港，天馬圖書有限公司，《一九九五金語詩曆》。
香港，詩雙月刊社，《中國現代詩粹》。
臺北，絲路出版社，《當代愛情詩精選》、《小詩瑰寶》。
河南，中州古籍出版社，《古今中外散文詩鑑賞辭典》、《古今中外朦朧詩鑑賞大辭典》。
臺北，詩藝文出版社，《一九九六・中國詩歌選》、《葡萄園小詩》。
重慶，西南師範大學中國新詩研究所，《一九九六年卷中國詩歌年鑑》。
苗栗，苗栗縣立文化中心，《閱讀臺灣散文詩》。

廣州，教育出版社，《二十世紀中國新詩分類鑑賞大系》。
北京，中國文聯，《地球村的詩報告》。
臺北，慧明文化事業有限公司，《追尋永生的舊曲‧明秋水八十自選詩集》。
臺北，十力文化出版公司，《閱讀與寫作‧當代詩文選讀》。
福州，海峽出版社，《福建百年散文詩選》。
臺北，聯合百科電子出版有限公司，《愛河流域》。
新北，景深公司，《臺灣一九五零世代詩人詩選集》。
新北，詩潮社，《詩潮選集》。
臺北，文史哲出版社，《葡萄園三十周年詩選》、《一九九五‧中國詩歌選》、《中華新詩選》、《拼貼的版圖‧乾坤詩選‧一九九七~二零零一》、《人間行旅》、《中國新詩百年名家名篇欣賞》、《漂泊在神州邊陲的詩魂——臺灣新詩人詩刊詩社》。

出版個人詩集有《蓬草心情》，學術論文有《詩人范揚松論》、《蘇軾佛教文學研究》、《天台圓教十乘觀法之研究》。

# 吳明興詩文作品首次見刊與專著出版編年

1. 《強恕青年》，第 116 期，1977 年 1 月 1 日，臺北，強恕青年出版社。
2. 《風燈》詩刊，第 15 期，1980 年 5 月 31 日，高雄，風燈詩社出版。
3. 《自立晚報・副刊》，1981 年 9 月 20 日，臺北，自立晚報出版。
4. 《創世紀》詩刊，第 57 期，1981 年 12 月，臺北，創世紀詩社出版。
5. 《葡萄園》詩刊，第 76 期，1981 年 12 月 15 日，臺北，葡萄園詩社出版。
6. 《文藝》月刊，第 151 期，1982 年 1 月，臺北，文藝月刊社出版。
7. 《掌握》詩刊，創刊號，1982 年 3 月 29 日，嘉義，掌握詩社出版。
8. 《秋水》詩刊，第 34 期，1982 年 4 月，臺北，秋水詩社出版。
9. 《腳印》詩刊，第 5 期，1982 年 4 月 1 日，高雄，腳印詩社出版。
10. 《臺灣時報・副刊》，1982 年 5 月 26 日，高雄，臺灣時報社出版。
11. 《中央日報・副刊》，1982 年 6 月 1 日，臺北，中央日報社出版。

12. 《青年戰士報・詩隊伍》，1982 年 6 月 7 日，臺北，青年戰士報社出版。
13. 《民族晚報・副刊》，1982 年 6 月 24 日，臺北，民族晚報社出版。
14. 《陽光小集》詩刊，第 9 期，1982 年 6 月 25 日，臺中，陽光小集詩社出版。
15. 《漢廣》詩刊，第 3 期，1982 年 7 月，臺北，漢廣詩社出版。
16. 《商工日報・掌握詩頁》，第 9 期，1982 年 7 月 1 日，嘉義，商工日報社出版。
17. 《中華日報・副刊》，1982 年 7 月 9 日，臺北，中華日報社出版。
18. 《涓流》季刊，第 3 期，1982 年 7 月 12 日，嘉義，涓流季刊社出版。
19. 《中華文藝》月刊，第 138 期，1982 年 8 月，臺北，中華文藝月刊社出版。
20. 文曉村主編，《葡萄園詩選》，1982 年 8 月，臺北，自強出版社出版。
21. 《中外文學》月刊，第 111 期，1982 年 8 月 1 日，臺北，臺灣大學外文系中外文學月刊社出版。
22. 《民眾日報・副刊》，1982 年 8 月 8 日，高雄，民眾日報社出版。
23. 《蝸牛文刊》，第 2 期，1982 年 9 月，嘉義，蝸牛文刊社出版。
24. 《大海洋》詩刊，第 16 期，1982 年 9 月，高雄，大海洋詩刊社出版。

25. 《文學界》季刊，第 4 集，1982 年 10 月，高雄，文學界雜誌社出版。
26. 《現代》詩刊，復刊第 2 號，1982 年 10 月，臺北，現代詩刊社出版。
27. 《掌門》詩刊，第 9 期，1982 年 10 月，高雄，掌門詩刊社出版。
28. 《新文藝》月刊，第 319 期，1982 年 10 月，臺北，新文藝月刊社出版。
29. 《中國雜誌》月刊，第 10 月號，1982 年 10 月，臺北，中國雜誌月刊社出版。
30. 《詩人坊》季刊，第 1 集，1982 年 10 月 10 日，臺北，芝柏出版社出版。
31. 《輔大新聞》，第 205 期，1982 年 10 月 29 日，臺北，輔大新聞社出版。
32. 《春蠶文藝》，第 3 期，1982 年 11 月，臺北，春蠶文藝社出版。
33. 《中國晚報・漢廣詩頁》，第 1 期，1982 年 11 月 6 日，臺北，中國晚報社出版。
34. 《笠》詩刊，第 112 期，1982 年 12 月，臺中，笠詩刊社出版。
35. 《創作》月刊，第 245 期，1982 年 12 月，臺北，創作月刊社出版。
36. 《益世》月刊，第 27 期，1982 年 12 月，臺北，輔仁大學益世月刊社出版。
37. 《詩友》季刊，創刊號，1982 年 12 月 20 日，雲林，詩友季刊社出版。

38. 《藍星》詩刊，復刊第 15 期，1983 年 1 月，臺北，藍星詩刊社出版。
39. 《詩風》詩刊，第 108 期，1983 年 5 月 1 日，香港，詩風詩刊社出版。
40. 《更生日報・副刊》，1983 年 2 月 24 日，花蓮，更生日報社出版。
41. 《鳳凰》集刊，第 5 期，1983 年 5 月，臺南，成功大學鳳凰集刊社出版。
42. 《自由時報・副刊》，1983 年 6 月 8 日，臺中，自由時報社出版。
43. 林承謨著，《白烏鴉・林承謨詩創作錄》，1983 年 6 月 15 日，臺北，蘭亭書店出版。
44. 《心潮》詩刊，第 14 期，1983 年 6 月 18 日，臺北，心潮詩刊社出版。
45. 《商工日報・副刊》，1983 年 6 月 27 日，嘉義，商工日報社出版。
46. 《臺灣文藝》，第 83 期，1983 年 7 月 15 日，臺北，臺灣文藝社出版。
47. 《商工時報・春秋小集》，第 2 期，1983 年 8 月 21 日，嘉義，商工時報社出版。
48. 《自由日報・副刊》，1983 年 8 月 23 日，臺北，自由日報社出版。
49. 《臺灣詩》季刊，第 2 號，1983 年 9 月，臺北，臺灣詩季刊社出版。
50. 《普門》月刊，第 49 期，1983 年 10 月 1 日，高雄，佛光山普門月刊社出版。

51. 《中央日報・晨鐘版》，1983 年 10 月 11 日，臺北，中央日報社出版。
52. 李昂主編，《西風》，文學時代雙月叢刊，第 16 期，1983 年 11 月，臺北，中國文化大學出版部。
53. 《藍星詩頁》，第 70 期，1983 年 11 月 10 日，臺北，藍星詩刊社出版。
54. 《明道文藝》月刊，第 97 期，1984 年 4 月，臺中，明道中學明道文藝月刊社出版。
55. 《師友》月刊，第 203 期，1984 年 5 月，臺中，臺灣省教育廳師友月刊社出版。
56. 《自由青年》月刊，第 657 期，1984 年 5 月 1 日，臺北，自由青年月刊社出版。
57. 《覺世》旬刊，第 947 期，1984 年 5 月 21 日，高雄，佛光山覺世旬刊社出版。
58. 《鐘山》詩刊，創刊號，1984 年 6 月，臺北，鐘山詩社出版。
59. 《中國新詩學會會訊》，第 3 期，1984 年 6 月 4 日，臺北，中國新詩學會出版。
60. 《成報》，第 48 期，1984 年 6 月 22 日，臺北，世界新聞專科學校成報社出版。

61. 《晨風》詩刊，第 2 期，1984 年 6 月 30 日，臺北，晨風詩刊社出版。
62. 《傳說》詩刊，第 3 期，1984 年 7 月 4 日，臺北，傳說詩刊社出版。
63. 《文季》雙月刊，第 9 期，1984 年 9 月，臺北，文季雙月刊社出版。
64. 《心臟》詩刊，第 6 期，1984 年 9 月 1 日，高雄，心臟詩刊社出版。
65. 《臺灣新聞報‧副刊》，1984 年 9 月 24 日，高雄，臺灣新聞報社出版。
66. 《成功時報‧副刊》，1984 年 9 月 25 日，高雄，成功時報社出版。
67. 《臺灣新生報‧副刊》，1984 年 10 月 14 日，臺北，臺灣新生報社出版。
68. 《洛城》詩刊，第 8 期，1984 年 12 月，臺北，洛城詩刊社出版。
69. 《馬祖日報‧副刊》，1984 年 12 月 7 日，馬祖，馬祖日報社出版。
70. 《幼獅文藝》月刊，第 373 期，1985 年 1 月，臺北，幼獅文藝月刊社出版。
71. 苦苓編，《1984 臺灣詩選》，1985 年 2 月 10 日，臺北，前衛出版社出版。
72. 《大華晚報‧副刊》，1985 年 3 月 2 日，臺北，大華晚報社出版。
73. 《妙華佛學》月刊，第 511 期，1985 年 3 月 30 日，彰化，法雨精舍妙華佛刊雜誌社出版。
74. 方淑女編，散文集，《短歌》，1985 年 4 月 10 日，臺中，晨星出版社出版。

75. 《勞工世界》月刊，第 9 期，1985 年 4 月 20 日，臺北，勞工世界月刊社出版。

76. 趙天儀編，散文集，《少男心事》，1985 年 5 月 15 日，高雄，敦理出版社出版。

77. 《慈雲》月刊，第 106 期，1985 年 4 月 30 日，臺北，大乘精舍印經會慈雲雜誌社出版。

78. 《國魂月刊》，第 475 期，1985 年 6 月 1 日，臺北，國魂月刊社出版。

79. 《南風》詩刊，第 3 期，1985 年 6 月 1 日，臺北，東吳大學文藝研究社南風現代詩組出版。

80. 向陽編，《人生船・作家日記三六五》，1985 年 7 月 20 日，臺北，爾雅出版社有限公司出版。

81. 《臺灣婦女》，第 262 期，1985 年 7 月，臺北，臺灣省婦女會臺灣婦女雜誌社出版。

82. 《香港時報・文學天地週刊》，第 437 期，1985 年 7 月 14 日，香港，香港時報社出版。

83. 《林承謨楊佩芬結婚特刊》，1985 年 7 月 4 日，臺北，自印本。

84. 《青溪月刊》，第 254 期，1985 年 8 月 1 日，臺北，青溪月刊社出版。
85. 《香港時報・副刊》，1985 年 8 月 18 日，香港，香港時報社出版。
86. 《人乘佛刊》，第 6 卷，第 12 期，1985 年 9 月 10 日，南投，慈光山人乘佛刊雜誌社出版。
87. 《香港佛教》月刊，第 306 期，1985 年 11 月 1 日，香港，香港佛教聯合會香港佛教月刊社出版。
88. 《小說創作》月刊，第 252 期，1985 年 11 月 20 日，臺北，小說創作月刊社出版。
89. 《善言文摘》雙月刊，第 75 期，1985 年 11 月 28 日，臺北，善言文摘雜誌社出版。
90. 《繞止》月刊，第 105 期，1986 年 1 月，臺南，雲宮寺繞止雜誌社出版。
91. 吳明興撰，《蓬草心情・1983~1985》，1986 年 3 月，臺北，采風出版社出版。
92. 《世界中國》詩刊，第 2 期，1986 年 3 月 1 日，香港，世界中國詩刊社出版。
93. 《地平線》詩刊，第 2 期，1986 年 3 月 15 日，臺北，地平線詩刊社出版。

94. 《握星》詩刊，創刊號，1986 年 4 月，新竹，握星詩刊社出版。

95. 李瑞騰編，《七十四年詩選》，1986 年 4 月 10 日，臺北，爾雅出版社有限公司出版。

96. 《佛文》月刊，第 9 期，1986 年 5 月 10 日，臺北，佛文雜誌社出版。

97. 《現代青年》月刊，第 59 期，1986 年 5 月 15 日，臺北，現代青年月刊社出版。

98. 《聯合早報・副刊》，1986 年 6 月 12 日，新加坡，聯合早報社出版。

99. 《我們的》詩刊，第 2 期，1986 年 6 月 25 日，臺灣，我們的詩刊社出版。

100. 《熱帶文藝》，第 6 期，1986 年 7 月，新加坡，熱帶出版社出版。

101. 《聯合日報・千島詩刊》，第 19 期，1986 年 8 月 4 日，菲律賓，聯合日報社出版。

102. 《象羣》詩刊，創刊號，1986 年 9 月，臺北，象羣詩刊社出版。

103. 南風同仁審稿會審選，《現代風格詩粹・南風詩刊 1~7 期選粹》（與《南風》詩刊，第 8 期，合刊），1986 年 9 月，臺北，東吳大學文藝研究社南風現代詩組出版。

104.《萬里新聞畫刊》，第 972 期，1986 年 9 月 3，高雄，萬里新聞畫刊社出版。
105.《海峽》詩刊，創刊號，1986 年 10 月，新加坡，熱帶出版社出版。
106.《五月》詩刊，第 6 期，1986 年 10 月，新加坡，五月詩社出版。
107.《香港文學》月刊，第 212 期，1986 年 10 月 5 日，香港，香港文學月刊社出版。
108.《聯合晚報・副刊》，1986 年 10 月 12 日，新加坡，聯合晚報社出版。
109.《民眾日報・文化版》，1986 年 10 月 4 日，高雄，民眾日報社出版。
110.《忠義報・副刊》，1986 年 10 月 21 日，澎湖，忠義報社出版。
111.《四度空間》詩刊，第 6 號，1986 年 12 月 31 日，臺北，四度空間詩社出版。
112.《現代佛教》，第 68 期，1987 年 1 月 1 日，臺灣，現代佛教雜誌社出版。
113.《詩潮》詩刊，第 5 集，1987 年 2 月，臺北，詩潮社出版。
114.《聯合早報・文藝城》，1987 年 2 月 1 日，新加坡，聯合早報社出版。
115.《珊瑚礁》詩刊，第 6 期，1987 年 2 月 15 日，臺灣，珊瑚礁詩刊社出版。

116. 向陽編，《七十五年詩選》，1987 年 3 月 11 日，臺北，爾雅出版社有限公司出版。

117. 《現代日報・副刊》，1987 年 3 月 12 日，臺灣，現代日報社出版。

118. 《薪火》詩刊，創刊號，1987 年 3 月 15 日，臺北，薪火詩刊社出版。

119. 《新陸》詩刊，創刊號，1987 年 3 月 29 日，臺北，新陸詩刊社出版。

120. 《南方》月刊，第 6 期，1987 年 4 月 1 日，臺北，南方雜誌社出版。

121. 《環球日報・副刊》，1987 年 4 月 30 日，菲律賓，環球日報社出版。

122. 《兩岸》詩刊，第 2 集，1987 年 5 月 12 日，臺中，兩岸詩刊社出版。

123. 《文學》半年刊，第 9 期，1987 年 6 月，新加坡，新加坡作家協會社出版。

124. 《聯合日報・辛懇版》，第 293 期，1987 年 6 月 5 日，菲律賓，聯合日報社出版。

125. 《花蓮縣立文化中心季刊》，第 6 期，1987 年 6 月 20 日，花蓮，花蓮縣立文化中心推廣組出版。

126. 《國教之友》季刊，第 505 期，1987 年 6 月 30 日，臺南，臺灣省立臺南師範專科學校國教之友社出版。

127. 《高市文教》雙月刊，第 34 期，1987 年 6 月 30 日，高雄，高雄市立中小學校教職員福利金管理委員會出版。
128.《赤道風》季刊，第 5 期，1987 年 7 月，新加坡，赤道風出版社出版。
129.《海鷗》詩刊，復刊第 2 期，1987 年 7 月 1 日，屏東，海鷗詩刊出版。
130.《西寧報‧第二版》，1987 年 7 月 15 日，西寧，西寧報社出版。
131.《詩域》詩刊，第 2 期，1987 年 8 月 1 日，臺灣，詩域詩刊社出版。
132.《五陵》詩刊，第 8 期，1987 年 8 月 15 日，臺灣，五陵詩刊社出版。
133.《匯流》詩刊，第 3 卷，第 2 期，1987 年 9 月，臺北，匯流詩刊社出版。
134.《曼陀羅》詩刊，創刊號，1987 年 9 月，臺北，曼陀羅詩刊社出版。
135.《當代詩壇》，創刊號，1987 年 9 月 15 日，九龍，銀河出版社出版。
136. 編輯部編，《臺港愛情詩選》，1987 年 10 月，武漢，長江文藝出版社出版。
137.《新明日報‧城市文學》，1987 年 11 月 1 日，新加坡，新明日報社出版。
138.《臺灣》月刊，第 59 期，1987 年 11 月 16 日，臺北，臺灣省政府臺灣月刊社出版。
139.《汗歌》季刊，第 6 期，1987 年 11 月 20 日，臺灣，汗歌季刊社出版。

140.《聯合日報・萬象詩刊》，第 2 期，1987 年 11 月 28 日，菲律賓，聯合日報社出版。

141.《文學世界》，創刊號，1987 年 12 月 20 日，香港，文學世界社出版。

142.《文學報》，創刊號，1988 年 4 月，香港，文學報社出版。

143.《普賢》月刊，第 3 期，1988 年 4 月 1 日，臺東，普賢月刊社出版。

144.《文訊》雙月刊，第 35 期，1988 年 4 月 10 日，臺北，文訊雜誌社出版。

145.《世界日報・副刊》，988 年 7 月 3 日，菲律賓，世界日報社出版。

146. 藍海文選編，《當代臺灣詩萃》，1988 年 8 月，湖南，湖南文藝出版社出版。

147.《大地》詩與微型小說雙月刊，創刊號，1988 年 8 月，新加坡，新韵文化事業公司出版。

148.《自立早報・副刊》，1988 年 8 月 8 日，臺北，自立早報社出版。

149.《商報・新潮詩刊》，1988 年 8 月 24 日，菲律賓，商報社出版。

150.《聯合文學月刊》，第 47 期，1988 年 9 月，臺北。

151.《新加坡文藝》，第 40 期，1988 年 9 月，新加坡，新加坡文藝社出版。

152.《世界日報・龍詩刊》，1988 年 9 月 21 日，菲律賓，世界日報社出版。

153.《世界日報•學蕐文藝》，第 188 期，1988 年 9 月 29 日，菲律賓，世界日報社出版。
154.《太平洋日報•副刊》，1988 年 9 月 29 日，高雄，太平洋日報社出版。
155.《長城》詩刊，創刊號，1988 年 10 月 20 日，臺灣，長城詩刊社出版。
156.《菲華時報•潮聲》，第 35 期，1988 年 11 月 21 日，菲律賓，菲華時報社出版。
157.《風雲際會》詩刊，創刊號，1988 年 12 月 20 日，臺北，風雲際會詩刊社出版。
158.《中國文學新潮報》，第 1 期，1989，北京，中國文學新潮報社出版。
159.《妙林》月刊，創刊號，1989 年 1 月 1 日，高雄，元亨寺妙林月刊雜誌社出版。
160. 林承謨等策劃，《暖香一生特刊》，1989 年 1 月 7 日，臺北，詹義農自印本。
161.《散文詩報》，第 39 期，1989 年 3 月，廣州，散文詩報社出版。
162.《鄉土詩人》，第 11 期，1989 年 3 月 10 日，柳州，鄉土詩人社出版。
163.《福報•心靈文藝》，1989 年 3 月 22 日，臺北，佛光山福報社出版。
164. 張默主編，《中華現代文學大系•一九七〇~一九八九•詩卷》，1989

年 5 月，臺北，九歌出版社出版。

165.《中原》詩刊，第 8 期，1989 年 5 月，河南，中原詩刊社出版。

166.《長江詩報》，創刊號，1989 年 5 月 4 日，武漢，長江詩報社出版。

167.《當代詩歌》月刊，第 54 期，1989 年 6 月，瀋陽，中國作家協會遼寧分會當代詩歌月刊社出版。

168.《金石》詩刊半年刊，第 3 期，1989 年 6 月 1 日，馬來西亞，金石詩刊社出版。

169.涂靜怡主編，《秋水詩選》，1989 年 7 月，臺北，秋水詩刊社出版。

170.《海風》詩刊，第 5 期，1989 年 7 月 20 日，中壢，海風詩刊社出版。

171.陳敬容主編，《中外現代抒情名詩鑑賞辭典》，1989 年 8 月，北京，學苑出版社出版。

172.弘征編選，《1990 青春詩曆》，1989 年 8 月，湖南長沙，湖南文藝出版社出版。

173.《太陽風詩報》，第 880004 號，1989 年 8 月 16 日，甘肅，太陽風詩報社出版。

174.《西寧晚報》，1989 年 8 月 22 日，西寧，西寧晚報社出版。

175.《銀河系》詩刊，第 2、3 期合輯，1989 年 9 月，四川，銀河系詩刊社出版。

176.《五嶽》詩刊，第 2 期，1989 年 9 月，臺灣，五嶽詩刊社出版。

177.《民主社會》半月刊，第 8 期，1989 年 9 月 16 日，臺北，民主社會雜誌社出版。

178.《自由時報》，1989 年 9 月 310 日，臺北，自由時報社出版。

179.《詩歌報》月刊，第 125 期，1989 年 11 月 21 日，安徽，安徽省文學藝術界聯合會詩歌報月刊雜誌社出版。

180.《南國詩報》，第 19 期，1990 年，南寧，南國詩報社出版。

181.《現代詩》，第 7 期，1990 年，長春，吉林省文學藝術交流中心出版。

182. 鄭法清主編，《海內外新詩選萃，1989 年夏之卷》，1990 年 1 月，河北天津，百花文藝出版社出版。

183.《西湖詩報》，第 9 期，1990 年 2 月，杭州，西湖詩報社出版。

184. 柳易冰選編，《鄉愁：臺灣與海外華人抒情詩選》，1990 年 3 月，河北，河北人民出版社出版。

185.《華夏詩報》，第 44 期，1990 年 3 月，廣州，華夏詩報社出版。

186.《琥珀詩報》，第 315 期，1990 年 3 月，撫順，琥珀詩報社出版。

187.《錫林郭勒日報》，1990 年 3 月 28 日，錫林郭勒盟，錫林郭勒日報社出版。

188.《黃河詩報》雙月刊，第 74 期，1990 年 4 月 5 日，濟南，中國作家協會山東分會社出版。

189.《詩潮》雙月刊，第 33 期，1990 年 5 月 10 日，瀋陽，瀋陽市文學藝術聯合會詩潮雜誌社出版。

190.《文學創造》，第 12 期，1990 年 5 月 20 日，武漢，文學創造社出版。

191.徐望雲著，《如果有人問起》，1990 年 6 月，臺北，合森文化事業有限公司出版。

192.《鍾順文謝佳樺結婚專輯》，1990 年 7 月，高雄，鍾順文自印本。

193.《延河》月刊，第 308 期，1990 年 8 月，西安，延河月刊社出版。

194.《詩人》詩刊，第 59 卷，1990 年 8 月，吉林，詩人詩刊社出版。

195.《經濟文化導報》，第 4~5 輯合刊，1990 年 8 月，遼寧，經濟文化導報社出版。

196.《射門詩報》，第 7 期，1990 年 8 月，梅州，射門詩報社出版。

197.《東南詩報》，第 9004 期，1990 年 8 月，溫州，東南詩報社出版。

198.《意味詩走向》，1990 年 9 月，湖南，意味詩學會出版。

199.弘征編選，《友誼與愛情・1991 年新詩日曆》，1990 年 9 月，長沙，湖南文藝出版社出版。
200.《文化活動報》，1990 年 9 月 1 日，寶雞，文化活動報社出版。
201.《清流》雙月刊，第 4 期，1990 年 9 月 1 日，馬來西亞，霹靂文藝研究會出版。
202.陳瑞統主編，《名城詩歌選萃》，第 1 卷，1990 年 10 月 8 日，泉州，名城詩報社出版。
203.《三角帆》詩刊，秋冬合卷，1990 年，浙江，溫嶺縣文聯三角帆詩刊社出版。
204.《河北文學》，第 424 期，1990 年第 10 期，河北，河北文學社出版。
205.《校園詩歌報》，第 2 期，1990 年 10 月，長沙，校園詩歌報社出版。
206.《世界華文》詩刊，創刊號，1990 年 11 月，香港，世界華文詩刊社出版。
207.徐榮街、徐瑞岳主編，《古今中外朦朧詩鑑賞辭典》，1990 年 11 月，河南鄭州，中州古籍出版社出版。
208.《未名詩人》，第 74 期，1990 年第 11 期，北京，未名詩人詩刊社出版。
209.《陽關》雙月刊，第 64 期，1990 年 11 月，酒泉，甘肅酒泉地區文聯陽關雙月刊編輯部出版。

210.《現代作家》，第 282 期，1990 年 12 月，成都，現代作家編輯部出版。
211. 嚴炎編，《臺灣散文詩選》，1991 年 1 月，哈爾濱，哈爾濱出版社出版。
212. 嚴炎主編，《走出大沼澤・散文詩選萃 1990 年卷》，1991 年 1 月，哈爾濱，哈爾濱出版社出版。
213.《閬苑》，第 1936 期，1991 年 1 月，四川，閬苑社出版。
214.《大河》詩刊，第 10 期，1991 年 1 月 10 日，河南，大河詩刊社出版。
215.《湖南文學》，第 356 期，1991 年 2 月，湖南，湖南文學社出版。
216.《新星》，第 7 期，1991 年 3 月，新疆，新星詩社出版。
217.《臺港現代詩賞析》，1991 年 3 月，鄭州，河南人民出版社出版。
218.《甘孜教育報・金燈詩會》，第 11 期，1991 年 4 月，甘孜藏族自治州，甘孜教育報社出版。
219. 商子秦、渭白、懷白編，《開闊的生命》，1991 年 4 月，陝西寶雞，寶雞市文聯出版。
220.《中外詩星》，第 1 輯，1991 年 4 月，北京，中外詩星社出版。
221.《綠色龍詩報》，第 11 期，1991 年 5 月，福州，綠色龍詩報社出版。
222.《龍眼樹》詩刊，第 34 期，1991 年 5 月，四川，龍眼樹詩社出版。
223.《甲子郵刊》，第 75 期，1991 年 5 月，長沙，甲子郵刊社出版。

224.《綠風》詩刊，第 75 期，1991 年 5 月 10 日，新疆，綠風詩刊社出版。

225.《騷壇》，第 215 期，1991 年 6 月，湖南，騷壇編輯部出版。

226.《中國散文詩研究會通訊》，第 9 期，1991 年 7 月，黑龍江，中國散文詩研究會出版。

227.《牡丹文學》雙月刊，第 100 期，1991 年 7 月 5 日，洛陽，牡丹文學編輯部出版。

228.《少年文史報》，第 912 期，1991 年 7 月 11 日，蘭州，少年文史報社出版。

229.鄒建軍主編，《中國當代青年詩人詩萃精評》，1991 年 9 月，湖北武漢，長江文藝出版社出版。

230.《現代詩報》，1991 年 9 月號，香港，現代詩報社出版。

231.《老街文學報》，第 2 期，1991 年 10 月，黃山，老街文學報社出版。

232.Renditions-A Chinese-English Translation Magazine，第 35、36 期合刊，1991 年秋，香港，中文大學出版。

233.《世界論壇報・世界詩葉》，第 2 期，1991 年 10 月 20 日，臺北，世界論壇報社出版。

234.《海內外新詩選萃・1991 年冬之卷》，1991 年 11 月，河北天津，百花文藝出版社出版。

235. 臺灣省立美術館編輯委員會編，《顧炳星現代畫展》，1991 年 11 月 23 日，臺中，臺灣省立美術館出版。

236. 陶本一、王宇鴻主編，《臺灣新詩鑑賞辭典》，1991 年 12 月，山西太原，北岳文藝出版社出版。

237. 《世界論壇報・副刊》，1991 年 12 月 15 日，臺北，世界論壇報社出版。

238. 《美美詩報》，第 4~5 期合刊，1991 年 12 月 20 日，安徽，美美詩報社出版。

239. 《簫臺文藝》，1992 年第 1 期，浙江，簫臺文藝編輯部出版。

240. 《芳草文學》月刊，第 145 期，1992 年 1 月，武漢，芳草文學編輯部出版。

241. 《世界散文詩作家》，創刊號，1992 年 1 月 5 日，黑龍江，世界散文詩作家編輯部出版。

242. 《瀘州文化報》，第 86 期，1992 年 2 月 16 日，瀘州，瀘州文化報社出版。

243. 《萌芽文學》月刊，1992 年第 3 期，上海，萌芽文學編輯部出版。

244. 《揚子鱷詩刊》，第 15 期，1992 年 3 月，大化，揚子鱷詩社出版。

245. 魏中天主編，《我的母親》，第 3 輯，1992 年 3 月 8 日，香港，香港新泉投資有限公司出版。
246. 李瑞騰編，《八十年詩選》，1992 年 4 月 5 日，臺北，爾雅出版社有限公司出版。
247. 陳謙著，《山雨欲來・陳謙詩集》，1992 年 5 月，臺北，前衛出版社出版。
248. 《1993 當代詩人詩曆》，1992 年 6，香港九龍，金陵書社出版。
249. 詩潮社編，《民族文學的良心・高準作品評論選》，1992 年 8 月，臺北，文史哲出版社出版。
250. 文曉村主編，《葡萄園三十周年詩選》，1992 年 9 月，臺北，文史哲出版社出版。
251. 《江寧報・副刊》，1992 年 9 月 30 日，南京，江寧報社出版。
252. 韓亞君編，《1989~1990・青年詩選》，1992 年 10 月，北京，中國青年出版社出版。
253. 《淮風詩刊》，第 24 期，1992 年 11 月，安徽，淮風詩刊社出版。
254. 《市場文學》，第 2 期，1993 年，河北，市場文學編輯部出版。
255. 《江花》，新 8 期，1993 年，廬江，江花編輯部出版。

256.《中國》詩刊，創刊號，1993 年 1 月 1 日，臺北，中國詩刊社出版。

257.高巍主編，《世界華人詩歌鑑賞大辭典》，1993 年 3 月，太原，書海出版社出版。

258.慈雲雜誌編輯部編，《一葉一如來》，1993 年 3 月，臺北，大乘印經會出版。

259.左春和編，《前傾的姿態》，1993 年 6 月，九龍，金陵書社出版。

260.王志健編著，《中國新詩淵藪：中國現代詩人與詩作》，1993 年 7 月，臺北，正中書局出版。

261.《大理文化》，第 85 期，1994 年 1 月，大理，大理文化編輯部出版。

262.《世界華文詩報》，第 2 期，1994 年 1 月，四川，世界華文詩報社出版。

263.張漢良、蕭蕭主編，《半流質的太陽・幼獅文藝四十年大系・新詩卷》，1994 年 3 月，臺北，幼獅文化事業公司出版。

264.王清平、莫文征責編，《1990~1992・三年詩選》，1994 年 3 月，北京，人民文學出版社出版。

265.馮力選編，《詩歌金庫・港澳臺詩歌精品》，1994 年 3 月，瀋陽，春風文藝出版社出版。

266.《天鵝湖》，第 24 期，1994 年 4 月 10 日，安徽，天鵝湖編輯部出版。

267.《商報・精粹》，1994 年 5 月 9 日，菲律賓，商報社出版。
268.《中華日報・詩刊》，1994 年 5 月 10 日，曼谷，中華日報社出版。
269.《臺灣詩學》季刊，第 7 期，1994 年 6 月，臺北，臺灣詩學季刊雜誌社出版。
270.《福建文學》月刊，1994 年 7 月號，福州，福建省文學藝術聯合會福建文學編輯部出版。
271.王祿松主編，《一九九四・中國詩歌選》，1994 年 7 月，臺北，漢藝色研文化事業有限公司出版。
272.《中華日報・文學》，1994 年 9 月 1 日，曼谷，中華日報社出版。
273.戈仁編，《1995 金語詩曆》，1994 年 10 月，香港，天馬圖書有限公司。
274.《寶安報・新安湖》，第 85 期，1994 年 11 月 11 日，深圳，寶安報社出版。
275.《香港文學報》，1994 年 12 月號，香港，香港文學報社出版。
276.《谷風》詩刊，第 4 期，1994 年 12 月 25 日，臺北，谷風詩社出版。
277.《素葉文學》，第 56、57 期合刊，1995 年 2 月，香港，素葉文學編輯部出版。
278.《中國現代詩粹》，1995 年 4 月，香港，詩雙月刊出版社出版。

279.《回響散文詩》半年刊，第 2 期，1995 年 4 月，新加坡，赤道風出版社出版。

280.《散文詩》雙月刊，第 36 期，1995 年第 2 期，益陽，散文詩雜誌社出版。

281.張朗主編，《當代愛情詩精選》，1995 年 6 月，臺北，絲路出版社出版。

282.周伯乃主編，《一九九五・中國詩歌選》，1995 年 7 月，臺北，文史哲出版社出版。

283.陳謙著，《臺北盆地》，1995 年 11 月，臺北，鴻泰圖書公司出版部出版。

284.中華民國新詩學會編選，《中華新詩選》，1996 年 3 月，臺北，文史哲出版社出版。

285.《深圳特區報・港臺海外華文文學》，第 120 期，1996 年 3 月 27 日，深圳，深圳特區報社出版。

286.白家華著，《蟬與曇花・白家華詩集》，1996 年 4 月，臺北，鴻泰圖書公司出版部出版。

287.《文學臺灣》季刊，1996 年 6 月 5 日，第 18 期，高雄，文學臺灣雜誌社出版。

288.張俊山主編，《古今中外散文詩鑑賞辭典》，1996 年 6 月，鄭州，中州古籍出版社版。
289.《亘兮》，新第 4 卷第 4 期，1996 年 6 月，臺北，亘兮雜誌社出版。
290.王幻主編，《一九九六・中國詩歌選》，1996 年 10 月，臺北，詩藝文出版社出版。
291.張朗編，《小詩瑰寶》，1996 年 10 月，臺北，絲路出版社出版。
292.《乾坤》詩刊，創刊號，1997 年 1 月，臺北。
293.金筑主編，《葡萄園小詩》，1997 年 6 月，臺北，詩藝文出版社出版。
294.弘征選編，《當代愛情友情詩 300 首》，1997 年 7 月，長沙，湖南文藝出版社出版。
295.呂進主編，《中國詩歌年鑑・1996 年卷》，1997 年 12 月，重慶北碚，西南師範大學中國新詩研究所出版。
296.莫渝著，《閱讀臺灣散文詩》，1997 年 12 月，苗栗，苗栗縣立文化中心出版。
297.綠蒂、一信主編，《中華新詩選粹》，1998 年 6 月，臺北，文史哲出版社出版。
298.毛翰主編，《二十世紀中國新詩分類鑑賞大系》，1998 年 8 月，廣東廣州，廣東教育出版社出版。

299.《現代詩報》，1998 年 9 月號，廣西。

300. 鄒岳漢主編，《散文詩精選・1993~1998》，1998 年 12 月，湖南長沙，湖南文藝出版社出版。

301. 江天編，《地球村的詩報告：臺港澳暨海外華人生態環境詩選》，1999 年 3 月，北京，中國文聯出版公司出版。

302.《火鍋子》，第 51 期，2001 年 1 月 31 日，名古屋，翠書房出版。

303. 高準著，《高準詩集全編》，2001 年 12 月 23 日，臺北，詩藝文出版社出版。

304. 吳明興編，《追尋永生的舊曲・明秋水八十自選詩集》，2002 年 1 月，臺北，慧明文化事業有限公司出版。

305. 乾坤詩刊編輯委員會編，《拼貼的版圖・乾坤詩選・1997~2001》，2002 年 7 月，臺北，文史哲出版社出版。

306.《第十六屆佛學論文聯合發表會論文集》，2005 年 9 月 10 日，臺北，法光佛教文化研究所。

307.《中國春秋》，創刊號，2005 年 10 月，臺北，華夏春秋雜誌社出版。

308.《漣漪》，創刊號，2006 年 6 月，宜蘭，佛光大學文學系出版。

309.《第十四屆世界華文文學國際學術研討會論文集》，2006 年 7 月 26 日，吉林，吉林大學出版。

310.《汕頭大學報》，第七十八期，2007 年 6 月，汕頭，汕頭大學華文文學編輯部出版。

311.《第四屆臺灣、東南亞文化學的傳播與接受國際學術研討會論文集》，2007 年 6 月 11 日，宜蘭，佛光大學文學系出版。

312.《華人社會與文化學術研討會論文集》，2007 年 7 月 30 日，臺中，僑光技術學院應用華語文系出版。

313.范揚松著，《尋找青春拼圖・一個生涯學徒的內心戲與表演》，2007 年 12 月 1 日，臺北，聯合百科電子出版有限公司出版。

314.《二〇〇八年南山佛教文化研討會論文集》，2008 年 10 月 5 日，臺北，南山寺出版。

315.顧蕙倩、陳謙編著，《閱讀與寫作・當代詩文選讀》，2010 年 8 月，臺北，十力文化出版公司出版。

316.胡爾泰著，《白色的回憶》，2010 年 8 月，臺北，萬卷樓圖書股份有限公司出版。

317.林登豪主編，《福建百年散文詩選》，2013 年 12 月，福州，海峽出版發行集團與海峽文藝出版社。

318. 胡爾泰著，《聖摩爾的黃昏・胡爾泰詩集》，2014 年 1 月，臺北，釀出版社出版。

319. 吳明興著，《詩人范揚松論・真時生命的開顯與回歸》，2014 年 4 月，臺北，聯合百科電子出版有限公司出版。

320. 沃兆祥編，《愛河流域》，2014 年 4 月，臺北，聯合百科電子出版有限公司出版。

321. 《當代詩學》年刊，第九期，2014 年 7 月，臺北，國立臺北教育大學語文與創作系出版。

322. 吳明興著，《蘇軾佛教文學研究》，《古典文學研究輯刊十編》，第十五冊、第十六冊、第十七冊，2014 年 7 月；《法藏知津三編・佛教文學與藝術研究專輯》，第九冊、第十冊、第十一冊，2015 年 5 月，新北，花木蘭文化出版社出版。

323. 《第七屆探索佛陀的世界學術研討會論文集》，2014 年 8 月 23 日，臺南，蓮花山接天寺出版。

324. 吳明興著，《天台圓教十乘觀法之研究》，《中國學術思想研究輯刊十九編》，2014 年 9 月；《法藏知津二編・佛教思想研究專輯》，第十冊，2015 年 5 月，新北，花木蘭文化出版社出版。

325.《野薑花詩集》季刊，第 11 期，2014 年 12 月，高雄，愛華出版社出版。
326.《華城特區》雙月刊，第 141 期，2015 年 4 月 5 日，新北，大臺北華城特區管理委員會出版。
327.《國文天地》月刊，第 371 期，2016 年 4 月 1 日，臺北，國文天地雜社出版。
328.胡爾泰著，《好花祇向美人開》，2016 年 5 月，臺北，萬卷樓圖書股份有限公司出版。
329.陳皓、陳謙主編，《臺灣 1950 世代詩人詩選集》，2016 年 12 月，新北，景深空間設計有限公司出版。
330.高準總主編，《詩潮選集》，2017 年 9 月，新北，詩潮社出版。
331.陳福成等著，《人間行旅》詩合集，2021 年 12 月，臺北，文史哲出版社出版。
332.陳福成編著，《中國新詩百年名家名篇欣賞》，2022 年 1 月，臺北，文史哲出版社出版。
333.陳福成著，《漂泊在神州邊陲的詩魂——臺灣新詩人詩刊詩社》，2022 年 4 月，臺北，文史哲出版社出版。

# 陳福成著作全編總目

**壹、兩岸關係**

決戰閏八月
防衛大台灣
解開兩岸十大弔詭
大陸政策與兩岸關係

**貳、國家安全**

國家安全與情治機關的弔詭
國家安全與戰略關係
國家安全論壇。

**參、中國學四部曲**

中國歷代戰爭新詮
中國近代黨派發展研究新詮
中國政治思想新詮
中國四大兵法家新詮：孫子、吳起、孫臏、孔明

**肆、歷史、人類、文化、宗教、會黨**

神劍與屠刀
中國神譜
天帝教的中華文化意涵
奴婢妾匪到革命家之路：復興廣播電台謝雪紅訪講錄
洪門、青幫與哥老會研究

**伍、詩〈現代詩、傳統詩〉、文學**

幻夢花開一江山
赤縣行腳・神州心旅
「外公」與「外婆」的詩
尋找一座山
春秋記實
性情世界
春秋詩選
八方風雲性情世界
古晟的誕生
把腳印典藏在雲端
從魯迅文學醫人魂救國魂說起
六十後詩雜記詩集

**陸、現代詩（詩人、詩社）研究**

三月詩會研究
我們的春秋大業：三月詩會二十年別集
中國當代平民詩人王學忠
讀詩稗記
嚴謹與浪漫之間
一信詩學研究：解剖一隻九頭詩鵠
囚徒
胡爾泰現代詩臆說
王學忠籲天詩錄

**柒、春秋典型人物研究、遊記**

山西芮城劉焦智「鳳梅人」報研究
在「鳳梅人」小橋上
我所知道的孫大公

為中華民族的生存發展進百書疏
金秋六人行
漸凍勇士陳宏

**捌、小說、翻譯小說**

迷情・奇謀・輪迴、
愛倫坡恐怖推理小說

**玖、散文、論文、雜記、詩遊記、人生小品**

一個軍校生的台大閒情
古道・秋風・瘦筆
頓悟學習
春秋正義
公主與王子的夢幻、
洄游的鮭魚
男人和女人的情話真話
台灣邊陲之美
最自在的彩霞
梁又平事件後

**拾、回憶錄體**

五十不惑
我的革命檔案
台大教官興衰錄
迷航記、
最後一代書寫的身影
我這輩子幹了什麼好事
那些年我們是這樣寫情書的
那些年我們是這樣談戀愛的
台灣大學退休人員聯誼會第九屆理事長記實

**拾壹、兵學、戰爭**

孫子實戰經驗研究
第四波戰爭開山鼻祖賓拉登

**拾貳、政治研究**

政治學方法論概說
西洋政治思想史概述
中國全民民主統一會北京行
尋找理想國：中國式民主政治研究要綱

**拾參、中國命運、喚醒國魂**

大浩劫後：日本311天譴說
日本問題的終極處理
台大逸仙學會

**拾肆、地方誌、地區研究**

台北公館台大地區考古・導覽
台中開發史
台北的前世今生
台北公館地區開發史

**拾伍、其他**

英文單字研究
與君賞玩天地寬（文友評論）
非常傳銷學
新領導與管理實務

# 2015 年 9 月後新著

| 編號 | 書　　　　名 | 出版社 | 出版時間 | 定價 | 字數(萬) | 內容性質 |
|---|---|---|---|---|---|---|
| 81 | 一隻菜鳥的學佛初認識 | 文史哲 | 2015.09 | 460 | 12 | 學佛心得 |
| 82 | 海青青的天空 | 文史哲 | 2015.09 | 250 | 6 | 現代詩評 |
| 83 | 為播詩種與莊雲惠詩作初探 | 文史哲 | 2015.11 | 280 | 5 | 童詩、現代詩評 |
| 84 | 世界洪門歷史文化協會論壇 | 文史哲 | 2016.01 | 280 | 6 | 洪門活動紀錄 |
| 85 | 三搞統一：解剖共產黨、國民黨、民進黨怎樣搞統一 | 文史哲 | 2016.03 | 420 | 13 | 政治、統一 |
| 86 | 緣來艱辛非尋常－賞讀范揚松仿古體詩稿 | 文史哲 | 2016.04 | 400 | 9 | 詩、文學 |
| 87 | 大兵法家范蠡研究－商聖財神陶朱公傳奇 | 文史哲 | 2016.06 | 280 | 8 | 范蠡研究 |
| 88 | 典藏斷滅的文明：最後一代書寫身影的告別紀念 | 文史哲 | 2016.08 | 450 | 8 | 各種手稿 |
| 89 | 葉莎現代詩研究欣賞：靈山一朵花的美感 | 文史哲 | 2016.08 | 220 | 6 | 現代詩評 |
| 90 | 臺灣大學退休人員聯誼會第十屆理事長實記暨 2015～2016 重要事件簿 | 文史哲 | 2016.04 | 400 | 8 | 日記 |
| 91 | 我與當代中國大學圖書館的因緣 | 文史哲 | 2017.04 | 300 | 5 | 紀念狀 |
| 92 | 廣西參訪遊記（編著） | 文史哲 | 2016.10 | 300 | 6 | 詩、遊記 |
| 93 | 中國鄉土詩人金土作品研究 | 文史哲 | 2017.12 | 420 | 11 | 文學研究 |
| 94 | 暇豫翻翻《揚子江》詩刊：蟾蜍山麓讀書瑣記 | 文史哲 | 2018.02 | 320 | 7 | 文學研究 |
| 95 | 我讀上海《海上詩刊》：中國歷史園林豫園詩話瑣記 | 文史哲 | 2018.03 | 320 | 6 | 文學研究 |
| 96 | 天帝教第二人間使命：上帝加持中國統一之努力 | 文史哲 | 2018.03 | 460 | 13 | 宗教 |
| 97 | 范蠡致富研究與學習：商聖財神之實務與操作 | 文史哲 | 2018.06 | 280 | 8 | 文學研究 |
| 98 | 光陰簡史：我的影像回憶錄現代詩集 | 文史哲 | 2018.07 | 360 | 6 | 詩、文學 |
| 99 | 光陰考古學：失落圖像考古現代詩集 | 文史哲 | 2018.08 | 460 | 7 | 詩、文學 |
| 100 | 鄭雅文現代詩之佛法衍繹 | 文史哲 | 2018.08 | 240 | 6 | 文學研究 |
| 101 | 林錫嘉現代詩賞析 | 文史哲 | 2018.08 | 420 | 10 | 文學研究 |
| 102 | 現代田園詩人許其正作品研析 | 文史哲 | 2018.08 | 520 | 12 | 文學研究 |
| 103 | 莫渝現代詩賞析 | 文史哲 | 2018.08 | 320 | 7 | 文學研究 |
| 104 | 陳寧貴現代詩研究 | 文史哲 | 2018.08 | 380 | 9 | 文學研究 |
| 105 | 曾美霞現代詩研析 | 文史哲 | 2018.08 | 360 | 7 | 文學研究 |
| 106 | 劉正偉現代詩賞析 | 文史哲 | 2018.08 | 400 | 9 | 文學研究 |
| 107 | 陳福成著作述評：他的寫作人生 | 文史哲 | 2018.08 | 420 | 9 | 文學研究 |
| 108 | 舉起文化使命的火把：彭正雄出版及交流一甲子 | 文史哲 | 2018.08 | 480 | 9 | 文學研究 |

| | | | | | | |
|---|---|---|---|---|---|---|
| 109 | 我讀北京《黃埔》雜誌的筆記 | 文史哲 | 2018.10 | 400 | 9 | 文學研究 |
| 110 | 北京天津廊坊參訪紀實 | 文史哲 | 2019.12 | 420 | 8 | 遊記 |
| 111 | 觀自在綠蒂詩話：無住生詩的漂泊詩人 | 文史哲 | 2019.12 | 420 | 14 | 文學研究 |
| 112 | 中國詩歌墾拓者海青青：《牡丹園》和《中原歌壇》 | 文史哲 | 2020.06 | 580 | 6 | 詩、文學 |
| 113 | 走過這一世的證據：影像回顧現代詩集 | 文史哲 | 2020.06 | 580 | 6 | 詩、文學 |
| 114 | 這一是我們同路的證據：影像回顧現代詩題集 | 文史哲 | 2020.06 | 540 | 6 | 詩、文學 |
| 115 | 感動世界：感動三界故事詩集 | 文史哲 | 2020.06 | 360 | 4 | 詩、文學 |
| 116 | 印加最後的獨白：蟾蜍山萬盛草齋詩稿 | 文史哲 | 2020.06 | 400 | 5 | 詩、文學 |
| 117 | 台大遺境：失落圖像現代詩題集 | 文史哲 | 2020.09 | 580 | 6 | 詩、文學 |
| 118 | 中國鄉土詩人金土作品研究反響選集 | 文史哲 | 2020.10 | 360 | 4 | 詩、文學 |
| 119 | 夢幻泡影：金剛人生現代詩經 | 文史哲 | 2020.11 | 580 | 6 | 詩、文學 |
| 120 | 范蠡完勝三十六計：智謀之理論與全方位實務操作 | 文史哲 | 2020.11 | 880 | 39 | 戰略研究 |
| 121 | 我與當代中國大學圖書館的因緣（三） | 文史哲 | 2021.01 | 580 | 6 | 詩、文學 |
| 122 | 這一世我們乘佛法行過神州大地：生身中國人的難得與光榮史詩 | 文史哲 | 2021.03 | 580 | 6 | 詩、文學 |
| 123 | 地瓜最後的獨白：陳福成長詩集 | 文史哲 | 2021.05 | 240 | 3 | 詩、文學 |
| 124 | 甘薯史記：陳福成超時空傳奇長詩劇 | 文史哲 | 2021.07 | 320 | 3 | 詩、文學 |
| 125 | 芋頭史記：陳福成科幻歷史傳奇長詩劇 | 文史哲 | 2021.08 | 350 | 3 | 詩、文學 |
| 126 | 這一世只做好一件事：為中華民族留下一筆文化公共財 | 文史哲 | 2021.09 | 380 | 6 | 人生記事 |
| 127 | 龍族魂：陳福成籲天錄詩集 | 文史哲 | 2021.09 | 380 | 6 | 詩、文學 |
| 128 | 歷史與真相 | 文史哲 | 2021.09 | 320 | 6 | 歷史反省 |
| 129 | 蔣毛最後的邂逅：陳福成中方夜譚春秋 | 文史哲 | 2021.10 | 300 | 6 | 科幻小說 |
| 130 | 大航海家鄭和：人類史上最早的慈航圖證 | 文史哲 | 2021.10 | 300 | 5 | 歷史 |
| 131 | 欣賞亞媺現代詩：懷念丁穎中國心 | 文史哲 | 2021.11 | 440 | 5 | 詩、文學 |
| 132 | 向明等八家詩讀後：被《食餘飲後集》電到 | 文史哲 | 2021.11 | 420 | 7 | 詩、文學 |
| 133 | 陳福成二〇二一年短詩集：躲進蓮藕孔洞內乘涼 | 文史哲 | 2021.12 | 380 | 3 | 詩、文學 |
| 134 | 中國新詩百年名家作品欣賞 | 文史哲 | 2022.01 | 460 | 8 | 新詩欣賞 |
| 135 | 流浪在神州邊陲的詩魂：台灣新詩人詩刊詩社 | 文史哲 | 2022.02 | 420 | 6 | 新詩欣賞 |
| 136 | 漂泊在神州邊陲的詩魂：台灣新詩人詩刊詩社 | 文史哲 | 2022.04 | 460 | 8 | 新詩欣賞 |
| 137 | 陸官 44 期福心會：暨一些黃埔情緣記事 | 文史哲 | 2022.05 | 320 | 4 | 人生記事 |
| 138 | 我躲進蓮藕孔洞內乘涼--2021 到 2022 的心情詩集 | 文史哲 | 2022.05 | 340 | 2 | 詩、文學 |
| 139 | 陳福成 70 自編年表：所見所做所寫事件簿 | 文史哲 | 2022.05 | 400 | 8 | 傳記 |
| 140 | 我的祖國行腳詩鈔：陳福成 70 歲紀念詩集 | 文史哲 | 2022.05 | 380 | 3 | 新詩欣賞 |

| | | | | | | |
|---|---|---|---|---|---|---|
| 141 | 日本將不復存在：天譴一個民族 | 文史哲 | 2022.06 | 240 | 4 | 歷史研究 |
| 142 | 一個中國平民詩人的天命：王學忠詩的社會關懷 | 文史哲 | 2022.07 | 280 | 4 | 新詩欣賞 |
| 143 | 武經七書新註：中國文明文化富國強兵精要 | 文史哲 | 2022.08 | 540 | 16 | 兵書新注 |
| 144 | 明朗健康中國：台客現代詩賞析 | 文史哲 | 2022.09 | 440 | 8 | 新詩欣賞 |
| 145 | 進出一本改變你腦袋的詩集：許其正《一定》釋放核能量 | 文史哲 | 2022.09 | 300 | 4 | 新詩欣賞 |
| 146 | 進出吳明興的詩：找尋一個居士的圓融嘉境 | 文史哲 | 2022.10 | 280 | | |
| | | | | | | |
| | | | | | | |
| | | | | | | |
| | | | | | | |
| | | | | | | |
| | | | | | | |
| | | | | | | |
| | | | | | | |
| | | | | | | |
| | | | | | | |

# 陳福成國防通識課程著編及其他作品

## （各級學校教科書及其他）

| 編號 | 書　　　名 | 出版社 | 教育部審定 |
|---|---|---|---|
| 1 | 國家安全概論（大學院校用） | 幼　獅 | 民國 86 年 |
| 2 | 國家安全概述（高中職、專科用） | 幼　獅 | 民國 86 年 |
| 3 | 國家安全概論（台灣大學專用書） | 台　大 | （臺大不送審） |
| 4 | 軍事研究（大專院校用）（註一） | 全　華 | 民國 95 年 |
| 5 | 國防通識（第一冊、高中學生用）（註二） | 龍　騰 | 民國 94 年課程要綱 |
| 6 | 國防通識（第二冊、高中學生用） | 龍　騰 | 同 |
| 7 | 國防通識（第三冊、高中學生用） | 龍　騰 | 同 |
| 8 | 國防通識（第四冊、高中學生用） | 龍　騰 | 同 |
| 9 | 國防通識（第一冊、教師專用） | 龍　騰 | 同 |
| 10 | 國防通識（第二冊、教師專用） | 龍　騰 | 同 |
| 11 | 國防通識（第三冊、教師專用） | 龍　騰 | 同 |
| 12 | 國防通識（第四冊、教師專用） | 龍　騰 | 同 |

註一　羅慶生、許競任、廖德智、秦昱華、陳福成合著，《軍事戰史》（臺北：全華圖書股份有限公司，二〇〇八年）。

註二　《國防通識》，學生課本四冊，教師專用四冊。由陳福成、李文師、李景素、頊臺民、陳國慶合著，陳福成也負責擔任主編。八冊全由龍騰文化事業股份有限公司出版。